JN408652

중동건설붐 이후

김제방 역사서사시집

문학공원 시선 220

중동건설붐 이후

김제방 역사서사시집

문학공원

[서언]

아들의 충고

1969년 공인회계사 일을 처음 시작할 때 우리나라 경제사정이 열악했다. 감사대상 상장법인이 63개밖에 없었고 재무부에 등록된 감사반은 75개였다. 5명 이상으로 규정한 감사반에는 직장을 가진 회계사도 포함되어 있었으므로 전업회계사는 150여 명으로 추산하고 있을 때였다.

그러다가 회계사업이 1972년 10월 유신체제 이후 회사가 획기적으로 늘어나 감사업무가 증가하면서부터 활기를 띄기 시작했다. '공인회계사'란 직업이 각광을 받으면서 때마침 1974년 석유파동 여파로 중동건설붐이 일어나 공인회계사들의 해외출장이 시작되어 황금기를 맞이하게 되었다. 내가 몸담고 있던 세동회계법인은 1987년 영등포 여의도에 신축한 63빌딩으로 이주하면서 전성기를 맞이했다.

나는 그동안 해외출장을 다니면서 보고 들은 모든 것들을 토대로 글을 쓰기 시작했다. 15년 연속 해외출장을 갈 수 있었으니 나에게는 큰 행운이었고 기회였다. 해외출장은 세계여행으로 연결되었다. 처음 접하는 외국문물 등 너무나 벅차 어떻게 소화할 수가 없어 글로 표현하려고 했던 것 같다.

1989년 첫 에세이집 『인간적인 것이 그립다』로 시작해 9권의 수필집을 출판할 수 있었으니 큰 수확이었다. 이집트 문명과, 메소포타미아 문명, 그리고 페르시아의 중동 통일, 알렉사더 대왕의 침공, 이슬람 문화 등 화려한 역사와 세계사를 넘나들며 출장의 경험담을 섞어 수필로 쓰다가 『이집트로 가는 길』이란 시집 등 시집도 12권 출간하게 되었다.

1998년 IMF 외환위기를 거치면서 세동회계법인과 안진회계법인이 합병했고 2001년 안진회계법인에서 퇴직하면서 '원대한 꿈'을 안고 충청남도 홍성으로 내려가 회계사무소를 개설했다. 아무도 모르는 타향에서 글이나 쓰겠다는 생각이었다. 그때 내 나이 68세였다.

우리 현대사를 빛낸 박정희 대통령의 위대한 업적을 제대로 평가하자는 것이 나의 꿈이었다. 그동안 세계사를 공부하면서 박정희 대통령의 치적(治積)을 능가하는 인물은 흔치 않았다는 것을 알게 되었고, 우리의 현대사를 세계사 어느 곳에 내놓아도 손색이 없다는 것을 알게 되었나. 옛날의 위인들은 전쟁 영웅들이 대부분이었지만 박정희 대통령처럼 치적으로 승부한 위인은 드물었다.

'원대한 꿈'을 꾸게 된 것은 역사가도 아닌 사람의 무모한 도전일 수도 있었다. 그러나 해외출장을 다니면서 이런 용기와 사명감 같은 것이 생기지 않았나 하는 생각을 해본다. 밖에 나가면 모두가 애국자가 된다는 말이 있다.

나는 1962년 대학을 졸업하고 1963년부터 청와대 경호

실에서 근무하면서 1967년 공인회계사 시험에 합격하고 1969년까지 6년간 근무한 이력이 있다. 지금은 대학에서 후학을 가르치는 것도 아니지만, 먼 훗날 '어느 누가 읽어 주겠지'하는 막연한 기대 하나로 한국사를 쓰기 시작했다.

『삼국사기』를 쓴 김부식과 중 일연의 『삼국유사』에는 못 미치더라도 마지막으로 쓴 역사책이 『세계사와 함께 읽는 재미있는 韓國史』란 책이다. 그러나 이것뿐만 아니라 『한국중고대사』, 『조선왕조사』, 『한국근현대사』 등 12권으로 6,500여 페이지 분량의 역사책이 모두 주요 세계사의 흐름과 같이 맥을 같이 함으로써 여타의 한국사와 차별화하려고 노력하였다. 내 능력으로 본다면 과분한 일일 수도 있었지만, 그것도 쉽지는 않았다.

이제는 좀 쉬어야겠다고 생각하고 다른 취미생활을 찾아보았으나 마땅한 것이 없었다. 그래서 다시 시작한 것이 『우면산 돌담불』 등 역사서사시집(歷史敍事詩集)이라는 것이다. 그동안 익힌 역사지식을 활용하여 좌충우돌 모아다가 16권의 서사시집을 출간하게 되었다. '우면산 돌담불'은 서울 서초구의 우면산 산사태가 계기가 되었다. 1987년 방배동으로 이사 온 이후 즐겨 오르던 서초구의 허파라 일컫는 우면산에 2011년 7월 27일 산사태가 발생해 쓸려 내려온 돌을 주워 모아 돌탑을 쌓으려고 5년여 공을 들였다.

탑 쌓는 기술은 없지만 '운동 삼아' 흉내라도 내보려고 돌을 모아 쌓기 시작했다. 그런데 자주 무너져버리곤 했다. 심술궂은 사람이 있는 것 같았다. 그러기를 반복하다가 나중에는 오기가 생겨 물러설 수가 없었다. 무너진 자리에 돌을 주어다가 그냥 쌓은 게 현재의 돌담불이다.

2017년 추석 무렵에는 그 볼품없는 돌담불을 중심으로 서울시와 서초구청에서 생태공원을 만들고 소로길에 자갈을 깔아 시민들의 맨발바닥 운동장으로 활용하고 있다. 주변에 벤치도 여러 개 설치하였으니 사람들이 모이게 되었다. 벤치에 앉아 책을 읽을 만도 하지만 요즘 책을 읽는 사람은 보기가 힘들다. 모두가 핸드폰을 들여다보고 있는 풍경이긴 하지만, 그들이 돌담불을 지켜주고 있는 것 같아 이제는 안심이 된다.

최근 3년여 계속되는 코로나19 여파로 '집콕 생활'에 지쳐 무료하던 차에 수필원고(자수 제한 없는) 청탁을 받았다. 반가운 마음에 어떤 글을 쓸까 고민을 했다. 개인적으로도 답답하던 차에 '임금의 귀는 당나귀 귀'하는 심정으로 세상을 향해 소리나 한번 질러볼까? 그리고 미친놈 소리라도 들어보자 하는 심정으로 다음과 같은 글을 송고하려고 아들에게 보여주었다.

역사상(歷史上)
우리의 역사가 이랬다
산업혁명시대에 서구권에서는
비약적인 발전을 하고 있었지만
우리의 역사는 그랬다

뼈아픈 역사를 극복하고
똥구멍이 찢어지게 가난한 나라를
선진국으로 끌어 올려놓은
박정희 대통령에게
뭐라?
쿠데타?
독재자라?
이 오라질놈의 새끼들아!

여기서 '오라질'은 '오라줄에 묶여 갈'이란 뜻의 욕으로 써놓고 보아도, 우리의 역사 평가가 인색하고 편협하다는 생각을 하고 있던 차에 며칠 전 신문에 이승만 · 박정희 대통령의 동상을 제작해 놓고도 세울 자리가 없다는 기사를 보고 너무나 화가 나서 쓴 글이기는 하지만 좀 그랬다. 아들에게 보여주자. 아들은 이 글을 보더니 첫마디가 "아버지 이건 아니죠" "수필도 아니고, 아버지 연세에 격에 맞지도 않아요"

"요즘 세상 돌아가는 꼴을 보고 있으니 화가 나서 그런다."

중견그룹 미래전략사업부 대표로 근무하는 아들은 평소에 책을 많이 읽는 편이어서 대견하게 생각하고 내 글을 보이곤 하지만 이번 같이 완강한 건 처음이었다. 점심을 먹고 우면산에 올라가 돌담불을 둘러보면서 곰곰이 생각했다.

"그래 내 나이 90에 주책이지!"

그러나 내려와서 글을 다시 고쳐 쓰면서도 마음 한 편에는 께름칙한 구석이 남아있었다. 지금 우리가 이만큼 사는 것이 누구의 덕택인가?

우리는 배은망덕(背恩忘德)한 국민인가?

북한을 한번 생각해 보자!

김일성 · 김정일 부자는 생전에 '흰쌀밥에 쇠고기국타령' 만 하다가 실패하고 죽어갔지만, 저들은 부자(父子)의 시신을 방부처리 해 미라 형태로 태양궁전이라는 곳에 모셔놓고, 2만여 개의 동상과 헤아릴 수 없는 초상화로 전국을 도배하다시피 하면서 주민 모두의 가슴에는 김일성 부자의 뺏지를 달고 조상숭배를 하고 있지 아니한가? 일찌감치 쌀밥에 쇠고기국을 먹여놓은 우리 대통령을 푸대접하는 우리를 향해 '남녘의 쌍것들'이라 욕한들 누가 그들을 나무랄 수 있겠는가?

아무리 다시 생각해 봐도 '오라질 놈의 새끼들'이다. 조금 톤을 낮춰서라도 "이 우라질 놈들아!"하고 소리쳐 보고 싶은 심성이다.

차 례

제1장 시련의 윤석열 정부

차 례

제2장 난세에 영웅 난다

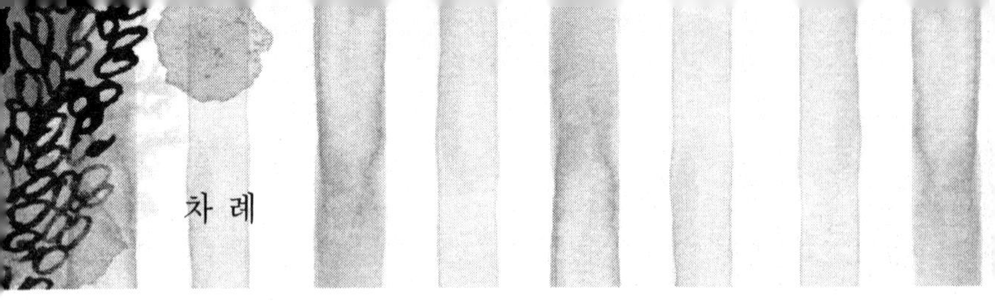

제3장 가슴이 철렁한 시대

차 례

제4장 한반도엔 무슨 일?

차 례

제5장 전 정부 뒤집기 행보

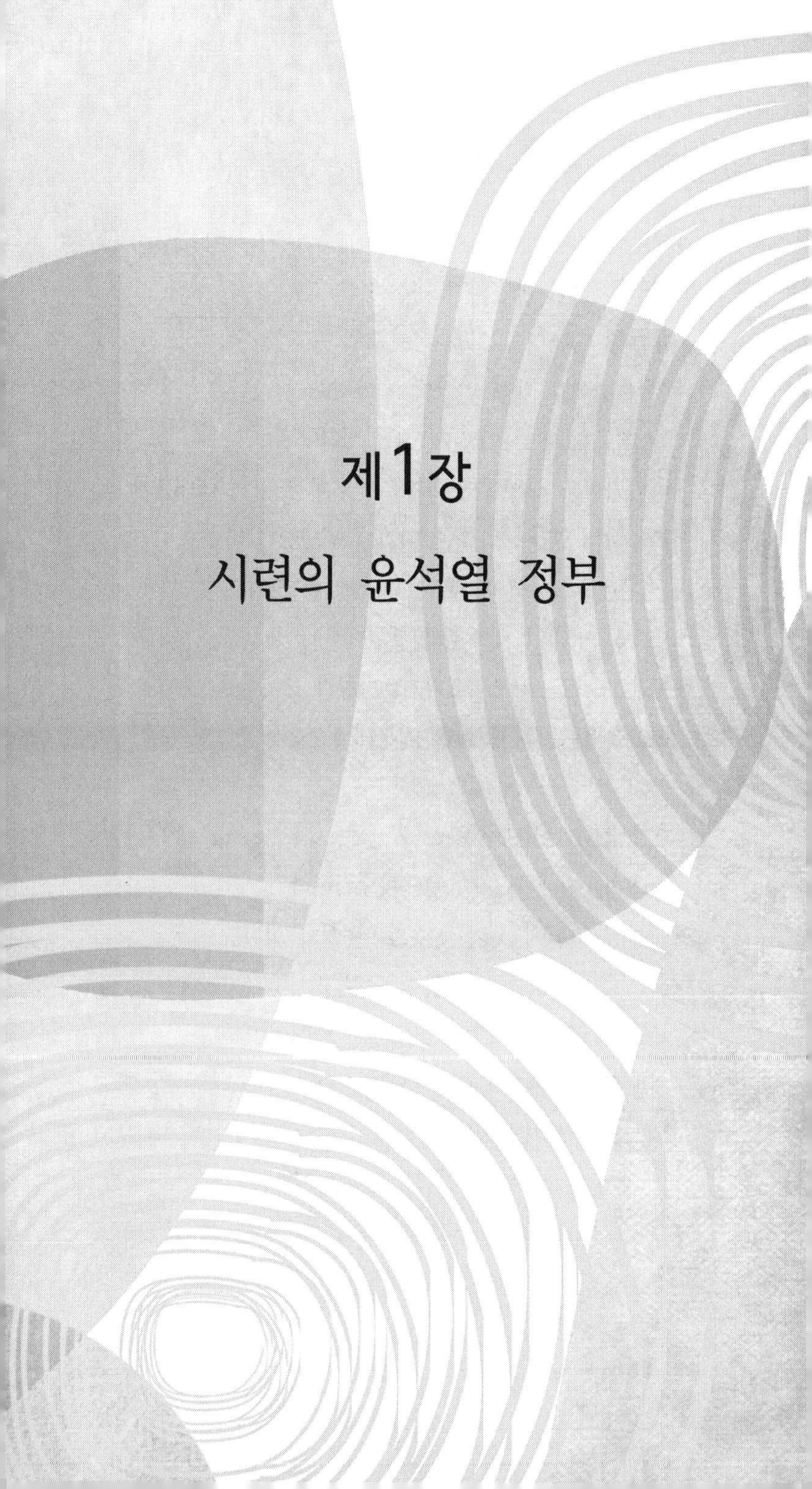

제1장

시련의 윤석열 정부

여당 지도부 줄사퇴

집권 여당인 국민의힘 내분과
윤석열 대통령 지지율 하락으로
여권 전체가 쇄신 바람에 휩싸였다
윤 대통령 취임 이후 82일 만이다
국민의힘은 권성동 당 대표 직무대행 겸 원내대표가
7월 31일 "당이 엄중한 위기에 직면했다"며
"직무대행으로서의 역할을 내려놓을 것이고
조속한 비대위 체제로의 전환에
모든 노력을 기울이겠다"고 밝혔다
이준석 대표 징계 이후 직무대행으로서
당의 '원톱'이 된 지 20일 만에
당의 선장자리에서 물러나
원내대표직에만 집중하겠다는 것이다
배현진 의원에 이어 조수진·윤영석 의원도
이날 최고위원직 사퇴를 선언했다
윤 대통령의 지지율이 28%까지 떨어지면서
대통령실을 재정비해야 한다는
목소리도 커지고 있다

이준석 윤핵관 비판

이준석 국민의힘 대표가 7월 31일
“양의 머리를 걸고 개고기를 팔지 말라 했더니
이제 개의 머리를 걸고 개고기를
팔기 시작하려는 것 같다”고
‘윤핵관’을 직격 비판했다
앞서 이 대표는
윤석열 대통령이 권성동 대행과 주고받은
텔레그램 메시지에서
“내부총질이나 하던 당 대표”라고 언급한 것이
지난 7월 26일 언론에 노출되자
사자성어 ‘양두구육(羊頭狗肉)’을
인용 비판한 바 있다
윤 대통령과 윤핵관들이
겉으로는 아닌 척하면서
자신의 6개월 당원권 정지 징계에 개입한 것을
비판했다는 분석이 나왔다

만만찮은 야당

“그게 이재명과 무슨 상관이 있나”
이재명 더불어민주당 대표 후보는
부인 김혜경 씨의 법인카드 유용혐의로
참고인 조사를 받은 A씨가 자살한 것과 관련해
7월 30일 이 후보는 이렇게 말했다
또 “저학력 · 저소득층은 국민의힘을 많이 지지한다”는
자신의 발언에 비판이 쏟아졌지만
정면대응으로 일관한다
이 후보의 마이웨이 행보는 당내에서도
반발을 사고 있다
친문재인계 초선 의원은
“이 후보의 실언이
윤석열 대통령의 지지율 하락을
반등시켜 주는 것은 아닌지 우려스럽다”고 했다
당 대표 선거 경쟁자인 박용진 후보도 이날
“이 후보가 당 대표가 되면 언론을 탓할 것이다
민주당이 변화하고 혁신해야지
왜 남한테 탓을 하냐”고 비판했다

혼돈의 여당

새 대통령 취임 3개월 만에
초유의 지도부 붕괴사태를 맞은 집권당이
8월 1일 의원총회를 열어 비대위로
전환하기로 뜻을 모았다
국민의힘 의원 115명 중 89명이 참여해
반대 입장을 밝힌 초선 김웅 의원을 제외하고
모두 동의했다
여름휴가 첫날인 1일 윤석열 대통령은
휴양지 방문 계획을 취소하고
서울에 머물면서 향후 정국 구상을 하고
휴식을 취할 것이라고 했다

비친족 가구원 100만

가족이 아닌 친구 · 애인끼리 거주하는
비(非)친족 가구원이 지난해
1,015,100명을 기록해
처음으로 100만 명을 돌파했다
이렇게 구성된 비친족 가구는 47만 가구로
1년 만에 11.6% 증가했다
반면 친족 가구 비중은
1인 가구와 비친족 가구가 늘면서
비중이 64.4%로 떨어졌다
부부와 자녀로 구성된
보편적 가족 유형은 줄고
마음이 맞는 친구끼리 살거나
결혼하지 않고 동거하는 가구 등이
급증하는 추세다
혼인율이 감소하고 비혼이 증가하는 데다
가족 가치 자체도 변하고 있는데
따른 현상이다

펠로시 대만행 강행

낸시 펠로시 미국 하원의장의 대만 방문으로
대만해협이 20여 년 만에
최대 위기에 봉착했다
펠로시 의장의 대만 방문은 중국의 군사적
위협 속에 극비에 가깝게 추진됐다
미 항모 진격… 중국은 실탄사격 훈련…
대만해협 일촉즉발

미국 내 권력서열 3위인
펠로시의 대만 방문은
1997년 뉴트 강그리치 방문 이후 처음이다
중국은 미 고위급 인사의 대만 방문을
1979년 수교당시 합의한 '하나의 중국'
원칙을 위배하는 것으로 본다
왕이 중국 외교부장은
"미국의 일부 정치인들은 자신의 이익만 생각해
대만문제에서 불장난을 하고 있다"며
"14억 중국 인민과 적이 되면
좋은 결말이 없을 것"이라고 경고했다

펠로시 의장이 민주당의 대표적인

대중국 강경파로 꼽힌다는 점도
중국으로서는 눈엣가시다
중국 정부와 펠로시 의장 간 악연은
무려 30여 년 전으로 거슬러 올라간다
1991년 당시 4년차 하원의원이던 펠로시는
베이징을 방문했을 때
톈안먼 민주화운동 희생자들을 추모하는
돌발 시위를 벌였다
그는 중국 정부의 허가 없이
동료의원 및 기자들과 톈안먼광장에 들어가
'중국의 민주주의를 위해 죽어간 이들에게'란
문구가 적힌 현수막을 들고
추모 성명을 낭독했다가
공안원에 붙잡혀 구금됐다
또 1997년 장쩌민 당시 중국 국가주석이
워싱턴을 방문했을 때는 그를 '폭군'이라 부르며
장 주석이 있던 건물 밖에서 열린
항의 시위에 동참하기도 했다
펠로시 의장은 인권 문제 등
중국이 민감해하는 현안에 대해 목소리를 높이며
중국을 압박해온 것으로도 유명하다

9 · 11테러의 기획자

미국이 21년 동안 추격한 끝에
2001년 9 · 11테러를 벌인
국제테러조직 알카에다의 지도자
아니만 알자와히리(71)를
7월 30일 아프가니스탄 수도 카불에서
드론(무인기) 공격으로 제거했다
바이든 대통령은 8월 1일 백악관 대국민 연설에서
"정보당국이 올해 초 알자와히리가
아프가니스탄 카불 시내에 있다는 걸 알았다"며
"신중하게 계획한 뒤 그를 제거하는
'정밀타격'을 승인했고
지난 주말 임무에 성공했다"고 발표했다
이집트 안과의사 출신인 알자와히리는
오사마 빈 라덴과 함께 9 · 11테러를 기획했고
빈 라덴이 2011년 파키스탄에서
미군에게 사살된 뒤
알카에다 최고 지도자를 맡았다

펠로시 한국도착

대만을 방문한 낸시 펠로시 미국 하원의장이
8월 3일 차이잉원(蔡英文) 대만 총통을 만나
“미국은 항상 대만을 지지하겠다는
약속을 버리지 않을 것이다
우리는 물러설 수 없다”고 강조했다
시진핑 국가 주석이 추진하는
중국의 대만 흡수통일에 대한
반대 입장을 분명히 한 것이다
반면 4일부터 3일간 사실상 대만을 봉쇄하는
첫 군사훈련에 나서는 중국은
“미국에 의지한 대만의 독립 시도는
죽음의 길”이라고 경고했다
중국이 주권이자 핵심 이익으로 간주하는
대만 통일을 둘러싸고
미중간 대립 구도가 뚜렷해지면서
미중이 돌이키기 어려운
‘대만 신군사냉전’ 시대에 진입했다는 분석이 나온다
대만에서 19시간 체류를 마치고
3일 밤 한국에 도착한 펠로시 의장은
4일 오후 판문점 공동경비구역(JSA)을 방문한다

불통 국정

국정동력 갉아먹는 불통 국정
학제개편 · 청와대 이전 · 경찰국 등
예민한 정책 밀어붙이다가
여론 반발…
대통령실 · 장관 소통 난맥 지적도
초등학교 입학연령을 만 5세로 낮추는
학제 개편안을 둘러싼 혼란상은
그간 윤석열 정부 국정운영의 문제점들이
고스란히 집약됐다는 지적이 나왔다

윤 대통령 · 펠로시 통화

윤석열 대통령은 8월 4일 오후
낸시 펠로시 미국 하원의장과 전화 통화를 갖고
미 의회 대표단의 방한을 환영했다
특히 대표단의 판문점 공동경비국역 방문에 대해
"대북 억지력의 징표가 될 것"이라고 말했다
윤 대통령이 휴가 중에 펠로시 의장과 통화한 것은
예정에 없던 일정으로
미중 간 정면대결 국면에서
자칫 대외적 오해를 낳아선 안 된다는
판단에 따른 것으로 풀이 된다
지방 휴가를 취소하고 서울에 머물면서
윤 대통령으로선 동맹국 의회 수장을 외면하기도
일부러 나오기도 어색한 상황이었다
하지만 만나지 않은 것 자체가
'중국 눈치보기 아니냐'는 논란을 낳자
의전상 절충점을 찾은 것이다
펠로시 하원의장은 김진표 국회의장과 회담 후
판문점 JSA 방문 등을 마치고 출국했다

진화 나선 백악관

낸시 펠로시 미국 하원의장의 대만 방문으로
대만해협의 군사적 긴장이 고조되는 가운데
미국이 후폭풍 차단에 나섰다
백악관은 “대만을 둘러싼 미국의 정책은
변함이 없다”고 강조했다
미국 정부는 펠로시 의장의
대만 방문을 존중한다면서
동시에 미국의 하나의 중국 정책은
변함이 없다고 강조하며 후폭풍 차단에 나선 것이다
블룸버그통신은 미국 백악관이
펠로시 하원의장의 대만 방문 연기를
설득하려고 노력했으나 실패했다고 보도했다
조 바이든 대통령 참모들은
“펠로시 의장의 독자적 결정을 존중한다”는
공식 입장과 달리 그가 개인 정치를 위해
대만행을 강행했다고 생각해 격분했다고 통신은 전했다

다누리 발사 성공

다루리 발사 성공 '달 탐사' 첫발을 뗐다
한국 최초의 달 타사선 다누리가
2022년 8월 5일 성공적으로 발사돼
지상국과 교신에 성공했다
이로써 한국은 미국 · 러시아 · 중국 · 인도 ·
유럽연합 · 일본에 이어 7번째로
달 탐사선을 우주로 보낸 국가가 됐다
다누리는 미국 올랜도
케이프커내버럴 우주군기지 40번 발사장에서
스페이스X의 팰컨9 로켓을 타고 우주로 솟구쳤다
다누리는 약 4개월 동안
누적 비행거리 595만 6000km에 이르는
긴 여정을 밟는다
진행경로 변경 등 최대 9번 고비를
넘겨야 올해 말에 임무 궤도에 올라설 전망이다

대통령 24% 지지율

윤석열 대통령 지지율이 취임 3개월 만에
24%까지 하락했다는 여론조사 결과가 나왔다
부정평가는 66%다
국민의힘(34%)은 정당 지지율에서
더불어민주당(39%)에 추월당했다
대통령실은 "국민의 뜻을 헤아려
부족한 부분이 있다면 채워나가겠다"는
입장을 밝혔다

총성 없는 전쟁

"식량 안보 지켜라"
세계는 지금총성 없는 전쟁…
세계 각국 먹거리 확보 초비상…
전 세계밥상 물가가 하루가 다르게 치솟고 있다
가뭄 · 폭염 · 홍수 등 잇단 기상이변에
코로나 펜데믹 후유증과 우크라이나 전쟁까지
'3중고'가 겹치면서다
쌀을 제외한 식량 자급율이 10.2%에 불과한
우리나라도 발등에 불이 떨어졌다

새단장 광화문광장

광화문광장이 8월 6일 재개장되었다
공사를 시작한 지 1년 9개월 만이다
과거 도로 한복판에
섬처럼 고립됐던 공간이 아닌
공원에 가까운 모습으로 탈바꿈했다
세종문화회관 앞 차로를 없애
35m였던 가로 폭을 60m로 늘려
나무를 심고 분수와 벤치 등을 놓아
이전보다 다양한 공간을 조성해
참나무 · 팽나무 등 76가지 수목 5024그루를 심어
총 4만 3000m^2 규모인 광장에 녹지가
9367m^2 정도를 차지한다
옛 사헌부 터를 비롯해 광장 곳곳에는
조선시대 역사의 흔적이 남아있다
육조거리집터의 주춧돌과 우물 등은
직접 볼 수 있고 보존을 위해 매몰된 담장 등은
실제 자리에 재현했다
서울시는 누구나 자유롭게 쉴 수 있고
버스킹 등을 할 수 있는 열린 공간을 지향
광장을 설계했다고 설명했다

미·중 대치 아시아로

냅시 펠로시 미국 하원의장의
대만 방문에 대한 보복 조치로
미국과의 군사 소통 채널 단절을 선언한 중국이
미 국방장관과 합참의장의 대화 요청도
거부하는 것으로 알려졌다
중국은 대만에 이어
서해로 실탄 사격훈련 범위를 확대했고
미국은 중국과 인도가 분쟁을 벌이는
국경에서 95km 떨어진 곳에서
인도와 연합훈련을 벌인다고 예고했다
친중국 행보를 보이지만
남중국해에서 중국과 영유권 분쟁을 벌이고 있는
필리핀과의 군사협력 강화도 천명했다
대만해역에서 격화된 미중 군사 대치가
아시아 전역으로 확산되고 있다

하늘에 구멍이 났다

수도권 물폭탄 강남이 잠겼다
8월 8일 서울에 300mm가 넘는 비가 내리는 등
수도권과 강원을 비롯한 중부지방에
양동이로 퍼붓는 듯한 폭우가 쏟아졌다
건물과 도로 · 차량 · 선로가 침수되는 등
피해가 잇따랐고
시민들이 불어난 물에 고립되었다가
가까스로 구조되기도 했다
서울은 이날 저녁 무렵부터
동작 · 구로 · 서초 · 강남구 등 남쪽 지역을 중심으로
비가 집중적으로 내렸다
강남구 논현역 먹자골목 일대
1층 음식점에 쏟아진 비로 물이 1m 이상 차올랐다
"15분 만에 비가 땅에서 골반까지 차올라
술집에 있는 의자 등 모든 게 떠다녔다"며
"전선이 물에 닿으면 위험할 것 같아
손님들이 모두 2층으로 대피했다"고 했다
이날 박순애 부총리 겸 교육부장관이
'만 5세 입학' 등 논란 · 혼선 빚다
임명된지 35일 만에 자진사퇴했다

이준석 사면초가

이준석 국민의힘 대표가
사면초가(四面楚歌)에 몰렸다
비상대책위원회 체제 하루 앞두고
그동안 이 대표에게 우호적이던
여권 인사 대부분이 등을 돌렸기 때문이다
'친 이준석' 여권인사 대부분 등 돌려
정미경 최고위원직 사퇴
정 최고위원은 그동안 이 대표에게
우호적인 입장을 취해
온라인에서 '준석맘'이라는 별명이 붙기도 했다
오세훈 "이 대표 자중자애를"…

483mm 강남 폭포비

이런 폭우는 없었다
서울 동남부 경기 이틀간
밤에 퍼붓는 야행성 피해 더 커
사망 12명에 실종 6명 이재민 400여 명이 발생했다
8월 8,9일 이틀간 수도권과 강원 등
중부지방에 최대 490mm가 넘는
기록적인 폭우가 내리면서 재산 피해가 잇따랐다
8일 서울 지역 강우량은
1907년 기상관측이 시작된 이래
115년 만에 최고치를 기록했다
상습 침수지역인 서울 서초 · 강남구 일대에
호우가 집중된 것이 피해를 키웠다
서울과 인천 경기 남부 등에서
주택과 상가 741채가 침수되는 등
재산 피해도 잇따랐다
기상청에 따르면 8일 하루 동안
서울 동작구 신대방동 관측지점에
내린 비는 381.5mm로 역대 최고치였다
물폭탄이 휩쓸고 간 강남… 버려진
버스 · 택시 · 승용차가 뒤엉킨 사진이 톱기사다

국민의힘 비대위 출범

국민의힘 주호영 비상대책위원장은
8월 9일 취임 직후
2020년 총선에 참패했던 야당 시절을 언급했다
"2년 전 절박하고 처절한 마음가짐과
자세로 돌아갑시다"
사상 초유의 집권 첫해
여당 비대위의 키를 쥐게 된
주 위원장은 "절체절명의 위기"라며
빠른 내분 수습과 국면전환 각오를 밝혔다
윤석열 정부 출범 91일 만에
집권여당의 구원투수로 등판한
주호영 위원장은 기자회견에서
"혁신을 꾀하는 동시에 전당대회를 관리하는
'혁신형 관리 비대위'로 가겠다"고 했다
그러나 비대위 업무를 시작하는 10일
이준석 대표가 법원의 효력정지 가처분 신청을 내
여당은 또다시 대혼란에 빠져들었다

중국의 3불 1한 주장

한중 수교 30주년(8월 24일)이
2주 앞으로 다가온 가운데
양국이 고고도미사일방어(THAAD-사드)체계
문제를 두고 충돌할 조짐을 보이고 있다
대통령실은 8월 11일
경북 성주의 주한미군 사드기지가
이달 말 정상화될 것이라고 밝혔다
중국이 10일 윤석열 정부 첫 한중외교장관 회담 후
한국은 과거 3불(不)에 더해
1한(恨)을 선시(宣示 · 널리 알린다)했다며 공식화하자
대통령실이 하루 만에
구체적인 사드기지 정상화 시점을 공개하며
맞대응에 나선 것이다
'3불'이란 2017년 10월 한중 양국이
사드 체계를 협의한 뒤
당시 문재인 정부가 사드 추가배치 · 미국 미사일방
어 체계 참여 · 한미일 군사동맹 등의
세 가지를 하지 않겠다고 밝힌 입장을 말한다
여기에 더해 한국 정부가 '1한' 즉
"이미 배치한 사드를 제한적으로만 운용하겠다"는
약속을 했다고

중국 정부가 주장하고 나섬에 따라
파문이 커지고 있다
미 국무부는 10일 “사드는 전적으로 북한의
대량살상무기와 탄도미사일 위협으로부터
한국과 한국 국민 동맹군을 보호하기 위한
방어적 수단”이라며 “사드 배치는 한국과
미국 동맹의 차원의 결정”이라고 지적했다
한미 동맹 간 합의에
중국이 개입하려는 데 불쾌감을 드러낸 것이다
대만해협 사태로 미중 간
군사적 긴장이 높아진 가운데
중국의 ‘3불1한’ 요구가 한중관계는 물론이고
미중 갈등 격화에
불씨가 될 수 있다는 우려가 나오고 있다

한동훈의 검수원복

법무부는 8월 11일 시행령인
'검사의 수사개시 범죄 범위에 관한 규정' 개정안을
입법예고 한다고 밝힘으로써
검찰 수사권을 축소한
개정 검찰청법 · 형사소송법 시행(9월 10일)을 앞두고
법무부가 시행령을 개정해
검사의 직접 수사범위를 대폭 늘리겠다고 밝혔다
'검수원복(검찰수사권 원상복구)하겠다는 것이다
국회가 만든 법을 시행령으로 무력화하는 것은
삼권분립의 원칙에
정면으로 반한다는 비판이 나온다

이재용 · 신동빈 특사

윤석열 대통령이 취임 후 처음 단행한
8 · 15광복절 특별사면에
이재용 삼성전자 부회장과 신동빈 롯데그룹 회장
장세주 동국제강 회장, 강덕수 전 STX그룹 회장 등
주요 경제인 4명을 포함한 총 1,693명에 대해
사면 · 감형 · 복권하는 특사안을 발표했다
'민생과 경제회복 중점'이라는 기조에 따라
이명박 전 대통령 · 김경수 전 경남도지사 등
정치인들은 대상에서 제외했다

국민의힘 최악내분

윤석열 정부가 출범 100일도 되지 않은 상황에서
여권의 내홍이 최악으로 치닫고 있다
당원권 6개월 정지 징계를 받은
국민의힘 이준석 대표가 8월 13일 기자회견에서
"대통령 지도력의 위기"라며
윤 대통령과 '윤핵관'들을 정면으로 비판했다
대통령실은 공식반응을 자제했지만
내부적으로는 "이 대표가 이성을 잃었다"며
들끓는 분위기 속에서 이번 한 주가
윤석열 정부 첫해 국정운영 방향을 결정짓는
계기가 될 것으로 보인다

어대명

어차피 대표는 이재명이란 뜻의
어재명 후보가 더불어민주당 대표 경선
8월 14일 '캐스팅보터'
충청에서도 71% 압승을 거두고
'어대명'에 이은 '확대명(확실히 대표는 이재명)
레이스를 이어갔다
이 후보는 권리당원 투표 결과
12개 시도에서 누적 73.28%를 기록했다
이날 발표한 1차 국민여론조사에서도
79.69%의 압도적 득표율을 기록하며
2위 박용진 · 3위 강훈식 후보를 크게 앞섰다
이제 남은 지역은 호남과 수도권이다
특히 이 후보가 1차 국민여론조사에서
80%에 가까운 지지율을 얻으면서
'확대명' 구도를 굳혔다는 평가가 나온다

개가 짖어도

논리가 없는 언어의 자극적인 언어 구사를 즐기던
YS(김영삼 대통령)의 말 가운데
"닭의 모가지를 비틀어도 새벽은 온다"
"개가 짖어도 기차는 간다"라는 말이 있다
개와 기차는 어울리지 않는 말이지만
개는 불의, 기차는 정의를 이른 말 같다
"개가 짖어도 기차는 간다"는 이 말은
이준석 국민의힘 대표가
다시 인용해 화제가 되고 있다
요즘 국민의힘을 들여다보고 있으면
개는 누구고 기차는 누군지도 모르겠고
기차는 어디 가고 개만 짖는 건지 모르겠다

이준석의 무책임

이준석 국민의힘 대표가
8월 13일 62분간의 기자회견에서 쏟아낸
윤석열 대통령과 '윤핵관'
자기 당에 대한 비판 발언은
도를 넘었다는 평가가 나온다
아직 집권 여당의 대표 신분을 유지하고 있는
정치인이 대통령과 자기 당을
이렇게 비판한 것은 유례가 없는 일이다
자신의 책임은 언급하지 않았다
여권 지지율이 추락한 것이 이 대표의 책임은 없는가
대통령 지도력의 위기라고 했는데
자신은 지난 1년간 대표로서
당이 이 지경이 되도록 뭘 했는지 묻지 않을 수 없다
이 대표는 남 탓하기 이전에 내 탓은 무엇인지부터
돌아보는 시간을 갖길 바란다는
한국경제 사설에서 한 말이다
나는 되도록이면 젊은이 편을 드는 사람이다
이번만큼은 이준석 편이 되고 싶은 생각이 전혀 없다…
논리와 철학이 없는 YS 후신을 보는 기분이다
적군도 우군도 못 가리고
기관총 사격하던 김영삼 대통령…

윤 대통령의 담대한 구상

윤석열 대통령이
8월 15일 광복절 77주년 경축사에서
"북한이 핵 개발을 중단하고
실질적인 비핵화로 전환한다면
그 단계에 맞춰 북한의 경제와 민생을
획기적으로 개선할 수 있는
'담대한 구상'을 지금 이 자리에서 제안한다"고 밝혔다

구체적으로
▶ 대규모식량공급 프로그램
▶ 발전과 송배전 인프라 지원
▶ 국제교역을 위한 항만과 현대화 프로젝트
▶ 농업생산성 제고를 위한 기술지원 프로젝트
▶ 병원과 의료 인프라 현대화 지원
▶ 국제투자 및 금융 지원 프로그램을
실시하겠다고 말했다
취임 100일을 앞두고 지난 5월 취임사에서
밝힌 '담대한 구상'의 윤곽을 처음 공개한 것이다

주호영 비대위 출범

국민의힘 주호영 비상대책위원회가
총 9명으로 구성돼 8월 16일 출범
이준석 체제는 1년 2개월 만에 해체됐다
이 대표가 비대위 전환에 반발해 제기한
효력정지가처분 신청 결과 따라
'주호영 비대위'가 하루 만에 소멸될 가능성도 있다
국민의힘이 17일로 집권여당 100일을 맞는다

국민의힘은 그 사이
▸ 이준석 대표 중징계
▸ 윤석열 대통령의 '내부총질' 문자파동
▸ 비상대책위원회 출범
▸ 이 대표의 윤 대통령 공개 저격 등
정권 초 어느 당에서도 볼 수 없었던
'콩가루 집안' 양상을 보이고 있다

서해 공무원 피살사건

'서해 피살 공무원 월북 조작' 사건을
수사 중인 검찰이 8월 16일
▸ 박지원 전 국가정보원장
▸ 서훈 전 청와대 국가안보실장
▸ 서욱 전 국방부 장관의 자택을 압수수색했다
검찰은 전날 '탈북어민 강제 북송' 의혹과
관련해 서호 전 통일부차관을 소환 조사했다
문재인 정부 인사를 겨냥한 검찰의
국정원발 '쌍글이 수사'가 윗선을 향해
올라가며 속도를 내는 양상이다

MS창업자 빌 게이츠

MS(마이크로소프트) 창업자인 빌 게이츠가
8월 16일 국회에서 '코로나19 및
미래 감염병 대응 · 대비를 위한 국제공조의 중요성과
대한민국의 리더십'을 주제로 연설했다
국회연설을 마친 빌 게이츠 이사장은
대통령실을 방문해 윤석열 대통령을 만나
신종 코로나바이러스 감염 펜데믹 극복과
글로벌 보건 증진을 위한 협력 방안을 논의했다
윤 대통령은 "SK바이오사이언스가
6월 코로나 백신 개발에 성공했다
이렇게 개발된 백신이 개발도상국의 감염병 예방에
크게 활용될 수 있기를 기대한다"고 말했다
SK바이오사이언스는 게이츠재단의 지원을 받아
코로나19 · 장티푸스 · 소아장염 백신 등을 개발하고 있다
이어 빌게이츠는 여의도에서 SK 최태원 회장을 만났다

500년 만의 최악 가뭄

500년 만의 최악의 가뭄을 겪고 있는
유럽에서는 올여름 세계를 덮친 폭염과
극심한 가뭄이 농업에서 첨단산업까지
전방위적으로 영향을 미치고 있다
올리브 · 토마토 · 감자 등의 흉작이 예상되고
원자력 · 수력을 중심으로 전력생산도 감소했다
독일도 중국도… 낮아진 수위에 드러난 강바닥
독일 뒤셀도르프에서 기록적인 폭염과
가뭄으로 바닥을 드러내고 있는 라인강 위로
화물선이 지나가고 있는 사진…
유럽에 이어 중국에서도 폭염이 지속되면서
후베이성 우한의 양쯔강의 수위가 연중 최저수준이다
원전 냉각수도 부족해 프랑스 정부는 루아르
평원의 건초농업에 투입되는
물 공급을 줄일 계획이라고 한다
가뭄 피해는 다른 대륙에서도 극심하다

윤 대통령 대북구상

역대 대통령들은 임기 초
'패러다임 전환' 등 요란한 수식어를 붙인
대북정책 청사진을 내놨다
김대중 - 햇볕정책
노무현 - 평화 · 번영정책
이명박 - 비핵 · 개방 · 3000
박근혜 - 한반도 신뢰프로세스
문재인 - 한반도 평화프레스 등
그 결과는 허망하기 짝이 없었다
윤석열 대통령도 '담대한 대북구상'이란
이름의 대북정책을 제시했다
"북한이 핵 개발을 중단하고
실질적인 비핵화로 전환한다면
그 단계에 맞춰 북한 경제와 민생을
획기적으로 개선할 수 있도록 지원한다"는 골자지만
북한이 핵 포기를 할 의지가 없다는 것이 문제다

취임 100일 기자회견

윤석열 대통령은 8월 17일 취임 100일을 맞아
용산 대통령실에서 연 첫 공식 기자회견에서
정치권 안팎에서 제기된
인사 쇄신 요구에 관한 질문을 받고
"지금부터 다시 돌아보면서 철저하게
챙기고 검증하겠다"며
"대통령실부터 어디에 문제가 있었는지
지금 짚어보고 있다"고 했다
윤 대통령은 20분가량 이어진 모든 발언을
프롬프터 없이 준비해온 메모를 참고하며
사전에 각본 없이
기자들의 질문을 소화한 것이 인상적이었다
기자회견 내용은 엇갈린 반응이지만
이와는 관계없이 전 정권의 원고를 치켜들고
교과서를 읽어내려가는 듯한 광경에
식상했던 터라 새로운 변화를 읽을 수 있었다

이원석 검찰총장 지명

이원석 한동훈과 연수동기…
직접 박근혜 조사해 구속…
윤석열 대통령은 8월 18일
제45대 검찰총장 후보로
이원석(54) 대검찰청 차장검사를 지명했다
이 차장은 윤 대통령이 검찰총장일 당시
대검 기획조정부장을 지냈다
임명을 제청한 한동훈 법무부장관과는
사법연수원(27기) 동기다
김오수 전 총장 사퇴(5월 6일) 104일 만이지만
이 차장이 5월 23일부터 총장 직무대리로 일해
사실상 공백기간은 16일이다
이 차장은 국회인사청문회를 거쳐
윤 대통령이 임명하면 공식 취임한다

쌍간나 새끼들

우리 어릴 때에 평안도 사람하면
"쌍간나 새끼들!"
박치기가 떠오르는데 내가 군대 생활할 때
하필이면 중대본부 특무상사가 평안도 사람이었다
지금도 무섭게 기억하고 있다
백두혈통이라고 자랑하는 김여정의
말솜씨가 좀 그렇다
교양이라곤 찾아볼 수가 없고
그들이 우리 동족이라고 하니 부끄럽기도…
김정은 북한 국무위원장의 여동생인
김여정 노동당 부부장이 8월 19일
윤석열 정부의 대북 로드맵인 '담대한 구상'을 겨냥해
"현실과 동떨어진 어리석음의 극치"라고 맹비난하면서
"윤석열 그 인간 자체가 싫다"고
적내감을 드러내기도 했다
간첩 소리를 들어가며 북한을 엄호하던
문재인 대통령을 '겁먹은 개' 취급한
그녀였으니 뭐 더 할 말이…

대통령기록관 압수수색

'탈북어민 강제 북송' 사건을
수사 중인 서울중앙지검과
'월성1호기 원전 조기 폐쇄 경제성 평가'
사건을 수사 중인 대전지검이
8월 19일 대통령기록관을 각각 압수수색했다
각 사건과 관련해 문재인 정부 내부의
의사결정 과정을 살피기 위한 것으로
전 정권을 겨냥한 검찰 수사가
본격 괘도에 오른 것으로 보인다

경고장 받은 이준석

국민의힘 윤리위원회가 8월 19일
연일 윤석열 대통령과 윤핵관을 비판하고 있는
이준석 전 대표에게 자중하라는 '공개 경고장'을 날렸다
윤리위원회가 이 전 대표를
추가 징계할 것이란 전망도 나온다
이 전 대표는 윤리위 입장문과 관련해
언론에 "내 워딩은 푸하하하"라고 전하고
"내부총질 문자로 당이 이 꼴"이 됐다며
윤리위가 자신이 아닌
윤 대통령을 징계해야 한다고 주장했다

제2장

난세에 영웅 난다

한국의 혁명탑

아직 우리는 코로나19 터널 안에 있다
긴 세월 동안 갇혀 있다
선진국(先進國)!
우리는 이 터널 안에서 선진국이 되었다
말만 들어도 가슴 벅차다
혁명탑을 세워 자축하고
구심점 혁명탑으로 국민통합을
이뤄야 할 때가 다가오고 있다
누가 해도 해야 할 일이다
박정희 대통령의 혁명탑을 세우는 일
엄청나게 큰 일이라 누구도
선뜻 나서지 못하고 있을 뿐이다
누가 이 일을 해낼 수 있을까
보수 우파냐? 진보 좌파냐?
지금은 아무도 모른다
선진국의 표상(表象)으로 세계가
궁금해하는 한국의 발전상을 알리는
혁명탑의 건립은 관광자원으로도 역할을 할 것이다

국론 분열의 해악

문재인 전 대통령의 경남 양산 평산마을
사저 경호가 강화됐다
윤석열 대통령이 김진표 국회의장의
건의를 받아들여 대통령이 경호처에
지시한 것으로 알려졌다
경호처는 “평산마을의 집회시위 과정에서
모의 권총 · 카터 칼 등 안전 위해요소가
등장하는 등 전직 대통령 경호를
강화할 필요가 있는 판단에 따른 조치”라며
“일상생활의 어려움을 호소하는
평산마을 주민들의 고통도 고려했다”고 밝혔다
경호처는 경호구역 300m 내의 검문검색 ·
출입통제 · 위험물 탐지 · 교통통제 · 안전조치 등
경호경비 차원의 안전활동도 강화한다

확대명

'민심 바퀴' 빠진 민주당 전대열차!
막바지에 접어든 8·28 더불어민주당
전당대회가 투표율 30%대의 박스권에 갇혔다
당의 핵심 지지기반인 호남에서 전국 평균
(36.44%)을 밑도는 낮은 투표율(35.49%)을 기록했다
대표 경선이 확대명(확실히 대표는 이재명)
분위기로 굳어지면서 관심도가 떨어졌기
때문이란 게 중론이지만 당 안팎에선
'그들만의 리그'로 자칫 민심 이탈을 우려하는
목소리도 커지고 있다
이재명 후보는 역대 최고치인 80% 가까운
득표율을 기록하고도 지지기반을 넓히는
확장성 능력을 증명해야 할 시험대에 섰다
전체권리당원의 36%가 몰려있는 호남의
낮은 투표율은 적신호로 여겨지고 있다
당내에서는 낮은 투표율이 박용진 후보의
고전 때문이라는 지적도 나온다
'반이재명 전략'에 주력했던
박 후보의 누적 득표율은 21.65%다

이재명의 확장성

이재명의 확장성 능력은
혁명탑 건립을 촉발할 수도 있다
선거 공약으로…
사회분위기도 변하고 있다

우크라 침공 반년

우크라이나 전쟁이 8월 24일 반년째를 맞았다
그간 수만 명에 달하는 군인과 민간인이 사망했고
주요 도시들이 초토화돼
복구에만 1000조 원 이상이 소요될 것으로 전망된다
시간이 갈수록 피해는 불어나고 있지만
러시아와 우크라이나는 전쟁의 출구를 찾지 못하고 있다
유엔 주요회원국들의 기부금이
러시아의 침공을 받는 우크라에 쏠리면서
중동과 아프리카 지역의 지원이 줄어들고 있다
특히 올해는 코로나19에 따른 경제적 충격
탈레반 정권 이후 아프칸의 경제적 몰락
러시아의 우크라 침공으로 인한
에너지와 식량 부족 등 악재들이 추가됐다
우크라에 지원이 편중되는 것은
미국 · EU·일본 · 캐나다 등 자신들의 이해관계와 직결된
지정학적 위기로 받아들여지기 때문이다

한 · 중 수교 30년

한국이 중국과 국교를 맺은 지
2022년 8월 24일로 꼭 30년이 된다
6 · 25전쟁에서 총부리를 겨누고 맞싸운 두 나라가
체제와 이념의 차이를 극복하고
손을 맞잡은 것은 1990년대 초반 탈냉전의
세계사적 조류에 부응하는 결단이었다
수교 이후 두 나라는 빠른 속도로
정부 간 관계를 발전시켰고
인적 교류와 경제협력에서 눈부신 성과를 거뒀다
노태우 정권 수교 당시 64억 달러였던
양국 교역액은 지난해 3015억 달러로 47배 성장했다
지난 30년 한 · 중 관계는 호혜적 관계였다
중국이 경제대국이 되는 데는 수교 초기
한국의 기술 · 투자와 함께 고도성장 경험을
직간접적으로 전수한 것이 상당한 역할을
했고 한국이 꾸준한 성장을 이뤄 선진국에
진입할 수 있었던 발판에는 한 · 중 수교로
한층 더 용이하게 다가설 수 있었던 것은
중국 시장이 있었기 때문이다

호혜적(互惠的) 발전

보수 우파
진보 좌파
아니 한국에는 진보 좌파가 없다
종북좌파 · 강남좌파 · 생계형좌파가 있다
손을 맞잡을 수 없을까?
무슨 철천지원수라고 싸워야 하는가
여야로 갈라져 싸우고
저들끼리 싸우고
우리나라는 지금 제1당부터 제3당까지
모두 비상대책위원회 체제다
국민의힘 · 더불어민주당 · 정의당이 모두 그 꼴이다
덩샤오핑(鄧小平)이 박정희 정책을
옮겨다가 중국을 G2국가로 만들었다

한·중 정상 메시지

윤석열 대통령은 한·중수교 30주년을 맞은
8월 24일 "양국이 상호존중의 정신에 기반해
새로운 협력 방향을 모색하면서
보다 성숙하고 건강한 관계로
나아가기를 희망한다"고 밝혔다
시진핑(習近平) 중국 국가주석은
"양국은 좋은 이웃, 좋은 친구,
좋은 동반자가 되어야 한다"고 했다
이날 윤 대통령과 시 주석은 한·중 수교
30주년 축하 서한을 교환하고 수교 기념
행사에서 한·중외교부 장관을 통해서 메시지를 발표했다
박진 외교부장관과 왕이(王毅) 중국
외교담당국무위원 겸 외교부장 주관으로
서울 포시즌호텔과
베이징 댜오위타이(鳥魚臺) 17호각에서
각각 기념리셉션을 가졌다
댜오위타이 17호각은 1992년 8월 24일 당시
이상옥 외무장관과 첸치천 중국
외교부장이 한·중수교문서에 서명한 곳이다

원전 이집트 3조계약

2022년 8월 25일 한국수력원자력이
약 3조 원 규모의 이집트 엘다비
원자력발전소 건설 계약을 따냈다
한국이 조 단위로 해외 원전사업을
계약한 것은 2009년 UAE 바라카 원전
수주(21조 원) 이후 13년 만이다
정부는 이번 계약이 체코 · 폴란드 등 다른
해외 원전사업 수주로 이어지며
문재인 정부의 탈원전 정책으로 무너진
원전 생태계를 복원하는
계기가 되기를 기대하고 있다

나토의 최전선

폴란드-우크라인들 자유의 행진
우크라이나가 1991년 옛 소련에서 독립한
8월 24일 폴란드 남부 도시 크라쿠프에서
우크라이나인들이 우크라이나 국기를 들고 행진했다
폴란드 수도 바르샤바에서는 수천 명의
우크라이나 독립기념일을 함께 축하했다
이날 행사에 2030세대를 비롯한
시민 수천 명이 몰렸다
"푸틴 야욕 막기 위해 한국 무기 빨리 들어왔으면"
"조국 지켜야"
8월 26일 한국과 57억 7000만 달러(약
7조 7000억)어치 K2흑표전차 · K9자주포
수입 1차 본계약을 맺는 폴란드에서
젊은층의 입대 붐이 일고 있었다
우크라이나와 국경을 맞대 러시아의
우크라 침공에 맞서는 NATO의 최전선이 되면서
"블라디미르 푸틴 러시아 대통령의 야욕이
폴란드까지 미칠 수 있다는
불안감이 확산되고 있기 때문이다

여권 대혼돈

국민의힘 주호영 비대위 좌초…
여권이 초유의 대혼돈 상황에 직면했다
법원이 집권 여당인 국민의힘 주호영
비상대책위원장 체제에 제동을 걸었기 때문이다
이에 따라 이준석 전 대표 징계국면으로
촉발된 여권의 내분은 더 심화될 것으로 보인다
서울남부지법 민사합의51부(판사 황정수)는
8월 26일 비대위 출범에 문제가 있다며
이준석 전 대표가 낸 효력정지가처분 신청을
일부 인용했다
재판부는 주 위원장의 직무집행과 관련해
“본안 판결 확정시까지 효력을 정지한다”고 결정했다
주 위원장이 취임 17일 만에 직무정지
상태가 되면서 여권은 대혼란에 빠졌다
집안싸움이 자초한 보기 흉한 꼴이다

역대최대 K-방산수출

한국의 방위산업(K-방산)이 폴란드에서
역대 최대 규모의 수출고를 올렸다
방위산업체인 현대로템과 한화디펜스는
8월 26일 폴란드 군비청과 K2 전차와
K9 자주포 1차 이행계약을 맺었다
두 회사는 앞으로 K2 100대 이상
K9 200문 이상을 폴란드에 납품하기로
했는데 계약 규모는 총 7조원 이상으로
한국방산 수출 사상 최대 규모다
K-방산은 올해 잇따라 대박을 터뜨리고
있다 올 상반기에만 UAE와
4조 원대의 천궁-2 방공미사일을
이집트와 2조 원대 K9자주포 수출계약을
각각 따냈다

이재명 방탄 당헌

더불어민주당이 8월 26일
부정부패 혐의로 기소된
당직자의 직무정지 요건을 완화하는
내용의 당헌 개정안을 최종 통과시켰다
불과 이틀 전 부결됐던 안건을
비대위가 일부 수정한 뒤 재추진해
25일 당무위 의결에 이어
이날 중앙위 의결까지 끌어낸 것이다
비(非)이재명계는
"이재명 의원을 위한 졸속 개정"이라고 반발했다
이날 중앙위 온라인 투표엔 중앙위원 566명 중
418명이 참여해 311명이 찬성(54.95%)하며
과반 정족수 요건을 채웠다
이에 따라 '이재명 방탄용 개정'을 빚었던
당헌 80조 개정 절차는 모두 마무리됐다

민주당 새 대표 이재명

더불어민주당 새 당 대표에
이재명 의원(58)이 선출되었다
8월 28일 올림픽공원 체조경기장에서
열린 전당대회에서 최종 77.77%로
박용진 후보(22.23%)를 꺾고 승리했다
이 대표의 최종 득표율은 민주당 당
대표 경선 역사상 최고 기록으로
2020년 이낙연 전 대표(60.77%)의
종전 기록을 넘어섰다
그는 대표 수락연설에서 '민생'을 강조
"영수회담을 요청해 머리를 맞대고 해법을 만들겠다"는 등
정부 여당과의 협력을 약속했다
대통령실은 "국민과 민생을 위한 산적한
현안을 해결하는 데 함께 협력해 나가길 기대한다"며
축하인사를 전했다

새 비대위 꾸리는 여당

국민의힘은 8월 27일 국회에서
긴급 의원총회를 열고 5시간 마라톤 토론 끝에
법원 판결의 대응책으로 당헌당규 개정을 통한
새 비대위 출범을 결의했다
'새 비대위' 카드로 사태를 수습하고
당초 계획대로 당 대표 선출을 위한
차기 전당대회를 열겠다는 구상이다
그러나 "법원의 결정을 무시하는 꼼수"
비판 속에 권성동 원내대표 사퇴론이 확산되고 있다
이준석 전 대표에 대한 당 윤리위원회의
조속한 추가 징계도 촉구했다
이 전 대표가 당원권 6개월 정지
이후에도 정권과 당을 향해 강성 발언을
이어가는 만큼 제명 수준의 중징계를
내려 복귀 가능성을 원천 차단하겠다는 속내다

협치(協治)

국민의힘은 집권 초기부터 집안싸움으로
잠잠할 날이 없었다
이에 진솔한 반성과 사과부터 해야한다
그러나 당 내분 수습책이 국민에게 어떻게
비칠지를 두려운 심정으로 살피기보다는
여전히 이 전 대표와의 결별에만 매달리는 모습이다
당내에서조차 "반성과 성찰 없이 법원과
싸우려 하고 이제 국민과 싸우려 한다"거나
"국민과 당원을 졸로 보는 것"이라는 비판이 나왔다
추석을 앞둔 고물가 등 민생 위기는 깊어지고
사흘 후면 예산처리 · 규제완화 · 연금개혁 등
국정과제의 성패가 달린 정기국회가 열린다

이재명 의원이 더불어민주당 전당대회에서
새 대표로 선출됐다
대선과 연이은 지방선거 패배 책임론에 대한
당내 반발은 '개딸(개혁의 딸)'로 불리는
강성 지지층의 열성적 목소리에 묻혔다
이재명 신임대표는 2년간 민주당을 이끌며
차기 총선을 진두지휘하게 된다
특히 국회 169석의 거대 야당 대표로 정부와

여당을 견제하고 정치 쇄신과 협치를 실현해야
할 책무를 동시에 안게 됐다
이 대표의 우선 과제는 자신을 둘러싼
리스크에 대한 대처다
대장동·백현동개발 특혜의혹과
성남FC 불법 후원금 의혹
법인카드 유용 의혹
변호사비 대납 의혹 등이 쌓여 있다
민주당 당헌만 놓고 보면 이 대표가 기소될
경우 당직이 정지될 수 있다
그러나 민주당은 '정치탄압으로 인정되면'
당 대표가 주도하는 당무위원회에서
이를 취소할 수 있게 전당대회 직전 당헌을 바꿨다
이 때문에 '이재명 사당화' '방탄 당헌 개정' 등
비판이 거세다…
협치(協治)가 필요한 때다

정청래 최고위원 1위

이재명 신임 대표와 함께 더불어민주당을 이끌
최고위원으로 정청래 · 고민정 · 박찬대 ·
서영교 · 장경태 의원이 선출됐다
친문계로 분류되는 고민정 의원을 제외한
나머지는 4명은 친명계다
민주당 8 · 28전당대회 최고위원 선거에서
정청래 의원이 25.20% 최종 득표율로
1위를 고민정 의원 19.33%로 2위를 했다

난세에 영웅 난다

난세에 영웅이 나온다고 했다
세상이 어려울 때에
그 어려움을 잘 극복하는 사람이다
지금은 협치와 통합이 절실할 때다
혁명탑을 세워 국민통합을 이끌어낼 수 있다면
그 또한 제2의 영웅이 될 것이다
보수 우파에서?
진보 좌파에서?
그 어느 쪽에서 나올 수도 있다
목마른 사람이 우물 판다고 했다

시계제로 국민의힘

국민의힘이 8월 29일
초유의 비대위원장 직무대행 체제로
새 비대위 구성 절차에 들어갔다
권성동 원내대표는 비대위원 전원 합의로
직무대행을 맡기로 했지만 이준석
전 대표는 권성동 직무대행체제에 대한
효력정지 가처분신청을 냈다
일부 당권 주자와 수도권 의원들은
원내대표 사퇴를 주장하는 가운데
전국위원회 의장인 서병수 의원은
"당헌 바꿀 전국위 소집 거부"…
친윤계 · 친이준석계 망라 퇴장 주장
권성동 "새 비대위 구성 후 거취 결정"
윤 대통령 "당원들 중지 모은 결론 존중"
'이에는 이'… 호락호락하지 않은 이준석
대통령실 "지위고하 막론하고 인적쇄신"
김무성(민주평통 수석부의장)도
내정 철회 검토… 앞이 안 보인다

파월 긴축 쇼크

전 세계 금융시장이 '파월 긴축 쇼크'로 휘청거렸다
제롬 파월 미국 연방준비제도(Fed·연준)
의장의 매파(통화긴축 선호) 발언 여파로
미 증시가 추락한 데 이어
아시아 주요 증시도 일제히 급락하며
'블랙 먼데이'를 연출했다
원-달러 환율은 글로벌 금융위기 이후
처음으로 1350원을 넘어섰다
2009년 4월 28일(1356.8원) 이후 13년 만에
처음으로 1350원을 돌파했다
8월 26일 파월 의장은 와이오밍주 잭슨 홀에서
열린 경제정책 심포지엄 연설에서
"금리 인상을 쉬어갈 때가 아니다"라며
3연속 '자이언트스텝-기준금리 0.75%
포인트 인상)을 예고했고
이는 뉴욕 증시의 폭락으로 이어졌다
연준이 고강도 통화긴축을 시사하자
한국은행도 경기침체를 감수하고
금리인상 속도를 올릴 수밖에 없다는 뜻을 밝혔다

이재명의 민주당

이재명 더불어민주당 의원이
8월 28일 신임 민주당 대표가 됐다
올해 3월 대선 패배 후 173일 만에
초선 의원 당선에 이어
169석의 거대 야당을 이끌게 됐다
대선에 지고도 이재명 대표는 화려하게 주류가 됐고
민주당은 연패 정당이란 딱지가 붙으며 초라해졌다
이 대표는 정치적 운(運)도 따랐다
2017년 대선경선과 2018년
지방선거(경기지사에 당선)를 거치며
친문의 위세에 시달렸지만
그때부터 당내 대선 경쟁자들이 연쇄적으로 사라졌다
안희정 · 김경수 · 박원순 등이 스스로 만든 죄로 무너졌고
여기에 '조국 사태'가 겹쳐 친문 그룹이 큰 상처를 입었다
문재인 대통령이 퇴임한 뒤엔 구심점마저
사라졌고 국민의힘은 여당이 되자마자
선거 3연승 정당인데도
당대표가 쫓겨나고 당은 '내전' 상태다

회계사 합격 1237명

공인회계사 최종 합격자 수가 사상최대를
기록한 가운데 인력난에 시달리는
회계법인들 간 신입 회계사 쟁탈전이 본격화하고 있다
2022년 8월 28일 금융당국과 회계업계에 따르면
올해 제57회 공인회계사 시험
최종합격자 1237명이 선발됐다
업계 관계자는 "신 외감법 이후 일감이
크게 늘었고 숙련된 공인회계사들이
사모펀드 · 스타트업 · 로펌 · 일반대기업 등으로
활발히 진출하고 있는 상황에서
고품질 회계 수준을 유지해야하는 회계법인은
고민이 클 수밖에 없다"고 했다
올해에도 빅4 회계법인
즉 삼일 · 삼정 · 한영 · 안진의 채용 규모만
올해 합격자 수보다 많을 것이라는 게 업계의 전망이다
인재 확보 경쟁이 치열한 비4 회계법인은
MZ세대(밀레니얼+Z세대) 신입 회계사를
유치하기 위해 다양한 노력을 기울이고 있다

고르바초프 소련 대통령 사망

반세기 가까이 이어진 미소 냉전 종식과
소련 해체 등 현대사 대변혁의 주역이었던
옛 소련의 마지막 지도자
미하일 고르바초프 대통령(1931-2022)이
별세했다 향년 91세
타스통신에 따르면 고르바초프 대통령은
"심각하고 오래된 질병"으로 세상을 떠났다
모스크바 외곽 전원주택에서 여생을 보낸
그의 시신은 1999년 사망한
부인 라이사 여사가 묻힌 모스크바 묘지에
안치될 예정이다

옛 소련의 낡은 정치·경제 체제에 염증을 느꼈
던 고르초프는 소련공산당 정치국 내
최연소(54)로 1985년 서기장에 오른 뒤
페레스트로이카(개혁)
글라스노스트(개방) 정책을 추진했다
그가 추진한 옛 소련의 변화는
1945년 제2차 세계대전 종전 뒤
반세기 가까이 드리웠던 '철의 장막'을 거두고
동서 냉전의 벽을 허무는 시작이었다

옛 소련을 "악의 제국"이라고 비판했던
로널드 레이건 미국 대통령과 1985-1988
수차례 회담하며 데탕트(해빙 무드)를 이끌었다
1989년 조지 부시 미국 대통령과
몰타 회담에서 역사적인 냉전 종식을 선언했다
이는 옛 소련을 위시한 공산권 사회주의 몰락과
동서독 통일로 이어졌다
고르바초프는 냉전종식과 세계 평화에 기여한
공로로 1990년 노벨평화상을 받았다
고르바초프는 1990년 미 샌프란시스코에서 만난
노태우 대통령의 북방정책에 호응해
전격적으로 한·소수교에 합의했다
집권세력 내부의 반대와 북한의 반발에도
경제난을 타개해야 한다는 생각에서 내린 결단이었다
그러나 그는 1991년 8월 보스파의 쿠데타로
권력 기반을 잃었고 12월 소련은 해체됐다

비운의 개혁가 고르비

소련의 고르비(고르바초프 대통령)는
페레스트로이카(개혁)
글라스노스트(개방)를 통해 소련 체제에
활력을 불어넣으려 했지만
결과는 사회주의 종주국 소련의 해체였다
동구권 국가들이 하나둘씩 떨어져 나갔고
막강했던 초강대국은 15개 나라로 쪼개졌다
그로선 결코 의도하지 않았던
'제국의 파괴자'가 된 것이다
국내적으로도 보수파의 쿠데타와
개혁파의 이반에 따른 희생양이 되어
권좌에 오른지 7년도 안 돼 굴욕스럽게 물러났다
동서냉전을 종식시키고 핵전쟁의 공포를
밀어낸 평화주의자로서 세계인의 찬사를 받는 고르비지만
국내에선 동구권을 서방에 넘기고
러시아의 몰락을 가져온 배신자라는 비판에 시달렸다
1996년 대선에 출마해 얻은 0.5%의
초라한 득표율은 국가적 조롱거리가 됐으나
자신의 선택을 결코 후회한 적이 없다고 했다

20세기 후반 세계사의 가장 큰 전환점을 만든

소련의 마지막 지도자 고르바초프가
향년 91세로 타계했다
실패한 비운의 개혁가 고르비의 몰락 이후
러시아 정치는 보리스 옐친 10년의 혼란과
좌절에 이어 새로운 정치적 괴물이 탄생됐다
블라디미르 푸틴 대통령 그는
“소련 붕괴는 20세기 최대의 정치적 재앙”이라며
옛 소련의 부활을 꿈꾸고 있다
푸틴의 우크라이나 침략을 두고
고르비는 “인간의 생명보다 중요한 것은 없다”며
전쟁의 즉각 중단을 촉구했다
냉혈한 권력자 푸틴의 앞날은
여전히 진행형인 고르비에 대한 역사적 평가에도
영향을 미칠 것이라고 동아일보 ‘횡설수설’은 말한다

한국혁명

1961년 5월 16일
박정희 대통령이 혁명을 일으킨 지
60년 만인 2021년에 한국은 선진국이 되었다
박정희주의(朴正熙主義)는
전 세계를 향해 확산되고 있다
"잘 살아보세 잘 살아보세
우리도 한번 잘 살아보세…"

이재명 검찰출석 통보

서울중앙지검 공공수사2부(부장검사 이상현)는
9월 1일 선거법위반 혐의로 고발된
이 대표에게 오는 6일 서초동
서울중앙지검으로 출석하라는 내용의 요구서를 보냈다
제1야당 대표로 취임한 지 4일 만이다
검찰은 대장동개발사업 비리를 재수사하면서
수사범위를 위례신도시 개발사업으로 확대하는 등
이 대표와 그 주변을 겨냥한 수사를 벌이고 있다
더불어민주당은 "정치보복 야당을 와해하려는
정치 탄압에 대해 물러설 수 없다"며 반발했다
윤석열 정부 출범 이후 정기국회가 1일
100일간의 일정으로 개원했다
정기국회 첫날 검찰이 이재명 민주당 대표에게
소환을 통보하면서 여야대립이
일찌감치 격화될 조짐이다

정국 급랭

더불어민주당이 9월 2일 이재명 대표에 대한
검찰의 소환조사 통보를 '정치탄압'으로 규정하고
대대적 반격에 나섰다
국민의힘은 이 대표를 겨냥해
"당 대표라는 방탄 뒤에 숨지 말라"고 맞받았다
이 대표를 향한 검찰 수사가 새 정부의
첫 정기국회 이슈를
'블랙홀'처럼 빨아들이고 있다는 분석이다
광주에서 열린 새 지도부 체제의 첫 현장
최고위원회의는 '윤석열 정부 검찰'을 향한
집단성토대회장을 방불케 했다
박홍근 원내대표는
"국정이 아니라 사정이 목적인 검찰총장 출신
윤석열 대통령의 속내가 명백해졌다"고 했다
정청래 최고위원은 "죄 없는 김대중을 잡아갔던
전두환이나 죄 없는 이재명을 잡아가겠다는
윤석열이나 뭐가 다르냐"고 했다

범죄와의 전쟁

국민의힘은 범죄와의 전쟁이 시작됐다"며
검찰 지원 사격에 나섰다
권성동 비상대책위원장 겸 원내대표는
"이 대표 보좌관이 소환 소식을 전하며
'전쟁'이라고 했는데 맞다
이것은 범죄와의 전쟁이고 물러설 수 없는 전쟁"
이라며 범죄 의혹 방탄조끼로 사용했으니
와해의 길을 택한 것은 민주당 자신"이라고 꼬집었다
당권주자인 김기현 의원도
"많은 사법 리스크에도 불구하고
'개딸(개혁의 딸)'들의 아우성에 도취돼
선출된 당 대표"라며
"당당하면 방탄 뒤에 숨지 말고 나오라"고 했다
더불어민주당 박지현(26) 전 비대위원장도
"이재명 대표는 검찰 소환에 응해야 한다"며
"당당히 수사에 임하고
의혹을 씻어야 한다"고 주장했다

초속 60m 힌남노

역대 최강 태풍… 내일 통영 일대 상륙
2022년 9월 5일 월요일 아침 톱뉴스다
오늘 '초강력'으로 세져 제주 거쳐
내일 '매우 강' 상태로 상륙 전망
정부 위기경보 '심각'으로 격상…
제11호 태풍 '힌남노'가 초속 44m 이상의
강한 바람이 부는 '매우 강' 강도로 6일
오전 경남에 상륙할 것으로 전망된다
더불어민주당이 이재명 대표의
검찰 출석 통보를 "제1야당에 대한
윤석열 대통령의 전면전 선포"라고 규정
당 차원의 강경대응을 예고 "국민들은
김건희 여사가 검찰 포토라인에 서야
한다고 생각한다고 주장했다
국민의힘은 이 대표를
"까도 까도 비리 혐의가 계속 나오는
'까도비'"라고 직격하며
검찰의 엄정 수사를 촉구했다

태풍이 지나간 자리

기상청이 "역대급으로 강한 태풍"이라던
제11호 태풍 '힌남노'가 폭우를 퍼붓고
6일 오전 2시간 20분가량 한반도를
강타한 뒤 동해상으로 빠져나가면서
전국적으로 6명이 숨지고 6명이 실종되는
인명피해가 발생했다
특히 경북 포항시 남구 인덕동에선
지하주차장에 주차돼 있던 차를 빼러 내려간
아파트 주민 10여 명이 실종돼
소방당국과 해병대 등이 밤늦게까지
수색작업을 벌여 2명이 구조됐다
포항제철소 물 잠겨 고로 가동 중단
신고리 원전 1호기도 스톱
"고립 주민 구하라" 포항 해병대 장갑차도 투입
철야 근무한 윤 대통령
"이제는 복구의 시간"이라며
"태풍 피해 조사를 빠르게 해
피해 주민에 대한 실효적 지원 방안 마련에
주력해 달라"고 했다

복합위기의 한국경제

한국경제가 복합위기 상황이다
9월 7일 외환시장에서 원화가치는
장중 1,388.40원까지 떨어졌다
전년 1월 1,080원보다 28% 넘게 하락
러시아의 우크라이나 침공 여파로
급속도로 수출 경쟁력을 상실하면서
에너지와 원자잿값이 치솟으면서다
상품 수지가 적자를 기록한 것은
2012년 4월 이후 10년 3개월 만이다
더 큰 문제는 한국과 치열한 경쟁
관계에 있는 일본·중국의 통화가치도
크게 떨어지고 있다는 점이다
엔화 하락폭은 전년 1월 이후 42%에 달한다

독배 정진석 비대위

돌고 돌아 윤핵관(尹核關)…
국민의힘은 9월 7일 의원총회를 열고
새 비대위원장으로 최다선(5선)이자
'원조 윤핵관'인 정진석 국회부의장을 추대했다
지난달 법원의 가처분 결정이 나오기
전까지 비대위원장을 맡았던 주호영
의원이 새 비대위원장직을 고사한데 이어
박주선 전 국회부의장 등이 잇따라
위원장직을 고사하자 당 지도부가 선택한
궁여지책이라는 평가가 나온다
정 부의장은 이번에도 수차례 거절하다
권성동 당 대표 권한대행 겸 원내대표가
세 번이나 찾아가 설득했다고 한다
중국 후한(後漢)의 유비(劉備)가
제갈량(諸葛亮)의 초옥(草屋)을
세 번 찾아가 간청하여
드디어 제갈량을 군사(軍師)로 맞아들인 일을
삼고초려(三顧草廬)라 했던가?

이재명 불구속 기소

서울중앙지검 공공수사2부(부장검사 이상현)는
제20대 대통령 선거 때
성남시 대장동·백현동 개발 사업과 관련해
허위발언을 한 혐의로
이재명 더불어민주당 대표를 9월 8일
공직선거법 위반(허위사실 공표) 혐의로 기소했다
이 대표는 지난해 12월 방송인터뷰에서
대장동 개발사업 실무자였던 김문기
(수사를 받다가 자살) 성남도시개발공사
개발1처장에 대해 "시장 재직 때는 몰랐다"고
허위 답변한 혐의를 받았다
더불어민주당은 "저열하고 부당한
최악의 정치쇼"라며 강력하게 반발하고
추석 연휴를 앞두고 비상체제에 돌입했다

이준석 또 가처분신청

'정진석호' 출범날
이준석 또 가처분신청
국민의힘은 9월 8일 전국위원회를 열고
정진석 비대위원장 임명안건을 의결했다
법원 결정으로 '주호영호'가 멈춰선지
13일 만에 '정진석호'가 공식 출범했다
그러나 이준석 전 대표가 곧바로
정진석 비대위원장의 직무를 정지해달라는
가처분신청을 제기하면서
새 비대위 역시 법원에 운명을 맡기게 돼
험로가 예상된다

엘리자베스 2세 영면

2022년 9월 8일 96세로 서거한
엘리자베스 2세 영국 여왕이 영면을 위한
긴 여정에 올랐다
9월 10일 그의 아들인 찰스 왕세자가
74세로 찰스 3세 국왕으로 즉위했지만
'영연방의 구심점'으로 통하던 여왕의 타계를 계기로
영국의 미래가 급변할 것이란 전망이 나온다
엘리자베스 2세 여왕의 장례는
1965년 윈스톤 처칠 전 총리 이후
57년 만의 국장으로 거행한다
윤석열 대통령과 조 바이든 미국 대통령
기시다 후미오 일본 총리 등 각국 정상이
여왕의 국장에 참석한다
우리나라에서 6 · 25전쟁이 끝나던 1953년에
즉위 후 70년을 군림한 여왕은 1000년의
영국왕실 역사에서 가장 오랜·재위기간이다
여왕의 퇴장 후 영국의 미래에 대한 논란이 커지고 있다
그의 서거를 계기로 영연방의 분열과 이탈이
가속화할 것이란 전망이 나온다
영국 국왕을 상징적인 국가원수로 인정한
영연방 국가는 영국을 포함해 호주 · 뉴질랜드 ·

캐나다 등 15개국이다
이 중 카리브해 6개국은 올해 4월 영국왕의
국가 원수직을 삭제하고 나라 이름도
바꾸겠다는 방침을 밝혔다
영국의 식민주의 유산과 결별하려는 것이다
이 같은 분열 조짐은 단순히 군주의 사망
때문만은 아니다
여왕의 재임기간에 영국의 지위가
쇠퇴한 영향이 크다는 분석이다
1950년대 최대 강국이자 제2차 세계대전
승전국인 영국의 경제 규모는 지난해 기준
2차대전 패전국인 독일에도 한참 밀린다
영국 싱크탱크 채텀하우스의 브론웬 매덕스
소장은 "우리는 세계 속에서 영국이 역할을
확신하지 못하는 미래로 나아가고 있다"고 말했다

핵버튼 움켜쥐는 북한

북한이 9월 8일 최고인민회의
제14기 7차 회의에서
핵무기 보유정책을 새로 법제화한 것은
남한과 미국의 비핵화 협상에
응하지 않겠다는 의지를 보여준다
핵무기 사용조건을 포괄적으로 규정하면서
실전 공격을 활용하겠다고 위협한 데까지 나아갔다
한·미 비핵화협상 추진 방식을 유연하게
바꿔야 한다는 지적이 나온다
김정은 국무위원장은 최고인민회의
시정연설에서 밝힌 '핵무력정책 법령 채택'
취지는 비핵화 협상에 응하지 않겠다는데
방점이 찍혀 있다
김정은 위원장은 "절대로 먼저 핵포기란 없으며
그를 위한 그 어떤 협상도 없다"며
"우리의 핵을 놓고 더는 흥정할 수 없게
불퇴의 선을 그어놓은 여기에 핵무력정책의
법화가 가지는 중대한 의의가 있다"고 밝혔다

잃어버린 추석

금년 추석은 9월 10일이다
9월 9일부터 12일까지 추석연휴지만
제11호 태풍 '힌남노'의 상처가 컸던
포항에서는 명절 연휴 기간에 민 · 관 · 군이
힘을 합쳐 피해 복구에 구슬땀을 흘렸다
포항시는 12일 오전을 기준으로
태풍 피해를 입은 시설 14,203곳 중
1,805 곳의 응급복구를 완료했다고 밝혀
응급복구율은 12.7%에 그쳤다
포항시 관계자는
"명절도 반납하고 연휴 간에 자원봉사자와
군인 · 공무원 등이 복구작업을 하였지만
피해 규모가 크고 광범위해 복구까지는
시간이 걸릴 것으로 예상된다"고 말했다

세금 빼먹기 잔치

문재인 정부 태양광 사업은 '세금 빼먹기 잔치'였다
국무조정실 정부합동 부패방지추진단은
문재인 정부 5년간 12조원을 투입한
신재생에너지 지원사업과 관련해
지난해 9월부터 올해 8월까지
1차 표본조사를 한 결과 2,267건
2,616억원의 불법 · 부당 운용사례가
적발됐다고 9월 13일 발표했다
문 정부가 태양광 · 풍력 등 신재생에너지
확대를 서두르는 과정에서 상당수 사업이
'눈먼 돈 잔치' '세금 빼먹기 잔치'로
전락했다는 지적이 나왔다
보고를 받은 한덕수 국무총리는
"태양광 사업에 나랏돈이 밑빠진 독에 물 붓기처럼
새고 있었다"고 탄식하며 전수조사를 지시했다고 한다

오징어게임 에미상

한국 드라마 '오징어게임'이 비영어
드라마 최초로 미국 방송계 최고권위를 지닌
에미상을 수상했다
9월 12일 미국 로스앤젤레스
마이크로소프트 극장에서 열린
제74회 에미상 시상식에서
황동혁 감독(51)이 감독상을
배우 이정재(50)가 남우주연상을 거머쥐며
세계 드라마 역사를 다시 썼다
4일 열린 드라마 기술진 등에 대한
에미상 시상식에서 게스트 여배우상(이유미)
스턴트 퍼포먼스상 등 4개 상을 받은 데 이어
감독상 · 남우주연상까지 수상하며
오징어게임은 에미상 6관왕에 올랐다

중국 역사왜곡 논란

시진핑 중국 국가주석이 직접 방문해 유명해진
중국 지린(吉林)성 옌벤조선족
자치주박물관(조선족박물관)이 발해를
건국한 고구려 유민 대조영(大祚榮)을
'말갈 수령 대조영'으로 설명한 것으로 확인됐다
최근 중국 국가박물관이 한국 고대사
연표에서 고구려와 발해를 삭제한 것과
함께 중국의 역사왜곡 논란이 커질 것으로 보인다
고구려와 발해를 한국 역사에서
분리시켜 중국사에 편입시키려는 동북공정
(東北工程) 논란은 있어왔다
문제는 중국 · 일본의 역사왜곡 등을
질타하는 사람들이 정작 우리나라 현대사
왜곡에는 눈 감고 있다는 것이 우스꽝스러운 것이다
거지의 누더기옷 같은 우리의 현대사가 아니던가

괴물장관 한동훈

한동훈 법무부장관이 최근 수사기관의
이재명 더불어민주당 대표 수사에 대해
"다수당 대표라고 죄를 덮어달라고 하면
국민이 수긍하지 못한다"고 말했다
이 대표에 대한 수사를 "야당 탄압"이라
비판한 민주당 측 주장을 반박한 것이다
한동훈 장관은 여태껏 볼 수 없었던
유형의 장관이 출현했다
자신감이 넘치고
국회에선 국회의원들과 다툼도 자주 한다
자잘한 싸움에서조차 지지 않으려 하고
되레 훈계하거나 윽박지르기도 한다
이렇게 당당한 '일국의 국무위원'은 좀체 볼 수 없었다
늘 당당한 모습이다
9월 8일 검찰은 경기 성남시 대장동·
백현동 개발사업 비리 의혹과 관련해
허위사실 공표 혐의로 이 대표를 기소했다
13일에는 경찰이 '성남FC 후원금'
사건을 두고 이 대표에게 제3자뇌물
공여혐의를 적용해 검찰에 기소의견으로 송치했다
이 대표 부인인 김혜경 씨도

'법인카드 유용 의혹'으로 검찰 수사를 받고 있다
한 장관은 "이 대표 탄압 시나리오의
배후로 지목되고 있다"는 말에는
"저를 너무 과대평가하는 것 같다"고 했다
민주당을 중심으로 야권에서 거론되는
법무부장관 탄핵론에 대해선
"정치가 국민을 지키는 도구여야지
수사 받는 정치인을 지키는 도구여서는 안 된다"고
비판했다 이어 "다수당의 힘으로 탄핵
하겠다고 하면 그 절차에 당당히 임할 것"이라고 했다
괴물장관을 넘어 스타장관이 되고 있다

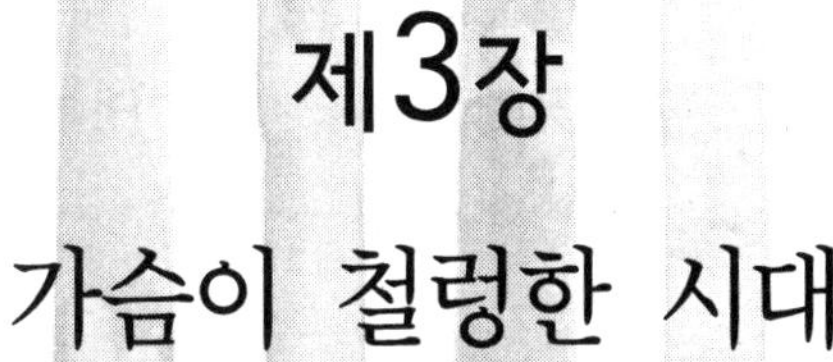

제3장

가슴이 철렁한 시대

결혼 빙하시대

결혼 빙하시대 10년 새 42% 줄었다
“아이가 살아갈 세상 너무 험난”
출산포기 결혼 2011년 33만 건에서
2021년 19만 건으로 42% 감소했다
MZ세대가 결혼을 기피하는 가장 큰 이유는
높은 집값으로 인한 결혼비용 증가 등
경제적 부담이었다
그러나 이들의 속내는 ‘굳이 결혼해서
출산과 양육이라는 부담을 지고 싶지 않다’는 것이다
산부인과가 사라지고
명절 대목에도 장난감 거리 썰렁
저출산이 불러오는 암울한 사회 풍경이다

구심점이 없는 나라

민심은 갈기갈기 찢어지고
위아래 상하가 없는 나라
구심점(求心點)을 잃은 우리 모두가
삿갓 쓴 방랑객이 되고 있다
국론(國論)을 한곳으로 모아 구심점
혁명탑(革命塔)을 세워보자!

현시국을 '검찰공화국'이라고 한다
대한민국의 엘리트집단 '검찰'이
삿대를 잡고 있어서다
검찰 엘리트 집단의 행보를
비난만 할 게 아니라
국가발전의 구심점이
될 수 있다는 희망을 걸어본다

박정희 대통령의 민족중흥의 의지가
나라를 선진국으로 이끌었다
애국심으로 불타는 젊은 군인들이
만들어낸 구심점이 뒷받침 됐듯이
'엘리트 집단'의 두뇌들이
구심점 역할을 해준다면 금상첨화일 것을

윤대통령 부부 출국

윤석열 대통령과 김건희 여사가
9월 18일 서울공항에서 공군 1호기에 탑승했다
윤 대통령 부부는 19일 영국 런던에서 거행되는
엘리자베스 2세 여왕 장례식 참석을 시작으로
미국 뉴욕과 캐나다 토론토 · 오타와를
5박7일 일정으로 방문한다
19일 열리는 여왕의 장례식에는
조 바이든 미국 대통령 · 나루히토 일왕
펠리페6세 스페인 국왕 · 마크롱 프랑스 대통령을 비롯해
전 세계 정상 및 고위 인사 50여 명이 참석 예정이다
구심점이 작용하는 나라 영국의 행사광경이다

템스강변 16km 추모행렬

영국 엘리자베스 2세 여왕 장례식을
이틀 앞둔 9월 17일 현재 여왕의 관이
안치된 런던 웨스트민스터 홀 인근
템스강변을 따라 추모객 줄이 16km나 뻗어 있었다
밤새 기온이 영상 5도까지 떨어졌지만
전국에서 온 추모객들은 담요나 외투를
두르고 보온병에 담아온 따뜻한 차를 마시며 기다렸다
영국 국민보건서비스는 14~16일 사흘간
쌀쌀한 날씨에 710명이 응급의료
서비스를 이용했고 81명이 병원으로 이송됐다고 밝혔다
영국 여왕은 권한은 없다
하지만 대영제국의 구심점(求心點)으로
존경의 대상이 되고 있다는 사실 하나는 분명하다

영국여왕 세기의 장례식

영국 역사상 최장기 군주인 엘리자베스
2세 여왕의 장례식이 엄수된 9월 19일
여왕의 마지막 가는 길을 보기 위해 수십만 명이
몰려들면서 장례 미사가 치러진
웨스트민터스 사원으로부터 여왕의 관이 안치된
런던 서부 윈저성까지 30km를 넘는
긴 줄이 이어졌다
윈스턴 처칠 전 총리 서거 이후 57년 만에
국장으로 치러진 이번 장례식에는
조 바이든 미국대통령과 윤석열 대통령 등
세계 주요국 정상과 왕족 500여 명 등
2,000명이 참석했다
검은 넥타이를 맨 윤 대통령과 검은 베일이
가려진 모자 검은 정장을 갖춰 입은 김건희
여사는 바이든 대통령 부부와 같은 줄인
14번째 열에 앉았다
아일랜드계인 바이든 대통령은 1982년
상원의원으로 첫 대면했을 때부터 한 번도
엘리자베스 2세 여왕에게 고개를 숙여
예를 표하지 않았다
"영국 여왕에게 고개를 숙이지 말라"는

어머니의 부탁 때문이다
가톨릭국가인 아일랜드는 약 800년간
영국의 식민 지배를 받으며 역사적 갈등을 겪었다
하지만 바이든 대통령은 이날만큼은 가톨릭식
예를 표한 뒤 조문록에 '엘리자베스 여왕은
직무를 위한 변함없는 헌신으로
전 세계의 존경을 받았다'고 썼고
참배 후 "영국인들이 70년간 여왕을
모실 수 있었던 것은 행운이었다"고 말했다
이어 기자들과 만나 "엘리자베스 2세 여왕이 몸을 숙여
나를 만지던 손길이
내 어머니를 생각나게 했다"고 말했다
이날 치러진 국장에는 전례 없는
치안 및 의전 인력이 동원됐다
혹시 모를 테러와 범죄를 막기 위해
역사상 최대 경호 인력을 투입했다
약 100만 명이 운집한 이날 장례식에는
올림픽 때보다 더 많은 경찰이 동원됐다
미국 폭스비즈니스는 이번 장례식에
총 23억 파운드(약 3조 6482억 원)가
소요될 것으로 보인다고 보도했다

여당 원내대표 주호영

5선의 주호용 의원이 9월 19일
국민의힘 새 원내대표로 선출되었다
위원총회에서 106표 중 61표를 얻어
42표를 얻은 재선의 이호용 의원을 눌렀다
그 파장은 적지 않다
윤석열 대통령과 '윤핵관'들의 의중이
실린 주 원내대표가 낙승할 것이란
관측이 무색하게 두 사람의 득표 차가
19표에 불과했기 때문이다
이용호 의원(남원 · 임실 · 순창)은 호남 출신으로
안철수 국민의당에서 지난해 12월에 입당해
당내 기반이 취약하다
당내에선 무리한 주호용 추대론과
'윤심팔이'에 대한 반발이란 해석과
친윤계 권성동 · 장제원 의원 측이 분화
하면서 하나로 힘이 모아지지 않은 결과란
분석도 나왔다 여기에 정진석 비대위원이
이준석 전 대표 징계를 두고
당 윤리위위 부위원장인 유상범 의원 간
문자메시지가 19일 포착돼 파문이 일고 있다

윤 대통령 부부 뉴욕 도착

미국을 방문 중인 윤석열 대통령이 9월 20일
첫 유엔총회 기조연설에서 "우리가 현재
직면하고 있는 이 위기는 자유라는 보편적
가치를 공유하고 자유를 지키고 확장하기 위해
함께 노력해야 한다는 확고한 연대의 정신으로
해결할 수 있다"고 말했다
윤 대통령은 미국 뉴욕 유엔본부총회장에서
15분간 '자유와 연대 · 전환기 해법의 모색'이라는
제목으로 연설하며 이같이 말했다
한국 정상의 유엔총회 연설에서
대북문제가 중심 화두였던 데 비춰보면
이례적 선택이다
윤 대통령은 대량살상무기와 인권 문제를
언급하는 것으로 대북 메시지를 갈음했다
광복절 경축사에서 내놓은 비핵화와 로드맵인
'담대한 구상'도 언급하지 않았다

우크라 한강의 기적

7개월째 이어지는 러시아의 침공으로
국토 상당 부분이 초토화된 우크라이나의
고교 정규 교과서에 한국 관련 주제가 실린다
6·25전쟁 이후 이뤄진 한국의 경제 성장을
가리키는 '한강의 기적'이 우크라이나
교과서에 소개되는 것이다
우크라이나는 종전 이후 국가 재건모델로
유럽 선진국과 함께 한국을 꼽고 있다
우크라이나 정부가 7월 발표한 재건계획에는
'기업 친화적인 제도 개선'과 관련해 한국이
주요 사례로 포함됐다

러시아 군동원령

블라디미르 푸틴 러시아 대통령이
우크라이나 침공 이후 처음으로
예비군 30여만 명을 소집하는
'부분적 동원령'을 내렸다
러시아의 군동원령은 소련 시절인
제2차 세계대전 이후 처음이다
7개월째 접어든 우크라이나 침공의
확전 및 장기화 우려에
이날 러시아 증시의 주가와 루블화 가치가
급락하고 국제 유가는 치솟았다

대한민국 방위산업전

9월 21일 개막한 아시아 최대 방위산업 전시회
'대한민국 방위산업전(DX코리아 2022)에
최첨단 기술을 적용한 'K방산' 업체들의
차세대 신무기가 쏟아졌다
인공지능(AI)·로봇 · 스텔스 기능을 탑재해
'미래 전장'에 투입할 수 있는
무인화 무기가 대세를 이뤘다
한국 방산업체들은 앞선 기술력을 기반으로
올해 100억 달러 이상의 사상 최대 규모
수출을 달성하며 방산 역사를 새로 쓸 전망이다
350여 개 업체가 참여한 이번 전시회에는
슬로바키아 · 루마니아 · 파키스탄 등 50여 개국
군관계자들이 참여 수출 가능성을 타진했다
이종섭 국방부장관은 개막식에서
"방위산업을 국가전략산업으로 육성하겠다"고 밝혔다

러시아 성토장 UN

전 세계가 우크라이나 전쟁과 기후위기의
소용돌이에 휘말린 가운데 9월 20일 열린
제77차 유엔총회의 최대 이슈는 우크라이나 전쟁이었다
세계 각국 정상들은 총회 첫날 연설에서
러시아의 우크라이나 침공을 비판하며
전쟁 중단을 촉구했다
안토니우 구테호스 유엔사무총장은 전쟁으로
인한 에너지 가격 상승으로 천문학적으로
이익을 거둔 글로벌 에너지 기업인들로부터
횡재세를 걷자고 제안했다
에마뉘엘 마크롱 프랑스 대통령은
"우리가 2월 24일(우크라 침공일)부터
목격한 것은 제국주의와 식민시대의 복귀"라고 말했다
총리 취임 후 첫 유엔 일반토의 연설에 나선
올라프 숄츠 독일 총리는 러시아를 겨냥해
"제국주의의 귀환은 유럽뿐 아니라 글로벌
평화질서에 대한 재앙"이라고 비판했다

이재명의 반사이익

더불민주당은 요즘 '대통령 복' '여당 복'을
톡톡히 누리고 있다고 한다
'20년 집권' 운운하다가 5년 만에 정권을
내주고 지방선거까지 패한 뒤엔
'이러다 당이 끝나는 것 아니냐' 하는
위기감에 휩싸였다가 4개월여 만에 분위기가 달라졌다
대통령과 주변의 숱한 설화 · 인사 잡음 · 정책
난맥상에다 여당 내전까지 겹치며
새 정부에 대한 국민 기대가 싸늘하게 식었기 때문이다
대오각성 목소리는 사라지고 총선 낙관론
까지 슬슬 나올 정도라고 한다
사법리스크 · 방탄 운운하며 패자 이재명 의원이
대표가 되면 곧 당이 깨질 것처럼 목소리를
높이던 이들도 쏙 들어갔다
이재명 대표는 "정치는 재미있어야 한다"며
짐짓 여유까지 부린다고 한다

푸틴 위해 죽을 순 없다

블라디미르 푸틴 러시아 대통령의 예비군
동원령에 러시아 전역이 대혼란에 빠졌다
전국에서 동원령 반대 시위가 벌어지고
자해를 해서라도 동원령을 피하려는 움직임도 나왔다
국외로 나가는 항공편이 매진되거나
비행기표 가격이 치솟는 등 '엑소더스(대탈출)'를
방불케 하는 상황이 확산되고 있다
동원령이 선포된 9월 21일 모스크바
상트페테르부르크 등 주요 도시 38개 지역에서
동원령 반대시위가 다발적으로 벌어졌다
반전단체 '베스나'는 "동원령은 우리 아버지·
형제·남편들을 전쟁의 고기분쇄기에 끌고
들어가겠다는 것"이라고 했다

한일정상 약식회담

윤석열 대통령은 9월 21일 뉴욕에서
기시다 후미오(岸田文雄) 일본 총리와
약식 회담을 갖고 한일관계를
개선할 필요성에 대해 공감대를 형성했다
2018년 10월 대법원의 강제징용 배상 판결과
2019년 7월 일본의 수출 규제 조치로
냉각된 한일 관계를 풀기 위한
대화의 물꼬를 텄다는 의미가 있다
윤 대통령은 이날 미국 뉴욕 유엔 총회장
인근의 한 콘퍼런스 빌딩에서 기시다 총리와
30분간 약식 회담을 했는데
한일 정상이 마주 앉은 것은
2019년 12월 문재인 대통령과
아베 신조 일본 총리간 양자 회담 이후
2년 9개월 만이다
윤 대통령은 이날 뉴욕에서 열린 글로벌펀드
제7차 재정공약회의에서 조 바이든
미국 대통령과 48초간 환담을 했다
당초 한미 정상회담을 추진했지만 바이든의
촉박한 일정으로 환담형태로 대체된 것이다

윤 대통령의 비속어

회담 성사여부와 형식 논란에
윤 대통령의 '비속어' 논란이 나왔다
윤 대통령이 글로벌 펀드 재정공약회의를
마치고 회의장을 나오며 박진 외교부장관에게
"(국회에서) 이xx들이 승인 안 해주면
쪽팔려 어떡하나"라고 말하는
장면이 카메라에 포착돼 '외교참사' 논란을 빚었다
대통령실 고위 관계자는 윤 대통령의 발언을
"사적 발언"으로 규정하고 야당이
"그런 일로 외교 참사를 언급하는 것
자체가 상당히 유감스럽다"고 말했다

목불인견

조 바이든 미국 대통령과의
48초 정상회담이 초래한 실망감?
그래도 혼자 말로 속내를 드러낸 윤석열 대통령
처음 해보는 대통령일지라도 그건 좀 그렇다
이를 침소봉대 비판하는 야당
변명하는 여당의 공방은 볼수록
목불인견(目不忍見)이라…

레이건호 부산입항

미국 핵추진 항공모함 로널드 레이건호가
9월 23일 부산 작전기지에 입항했다
미국 항모가 부산 작전기지에
훈련 목적으로 입항하는 것은
북한의 6차 핵실험 직후인
2017년 10월 이후 5년 만이다
레이건호의 한반도 전개는 북한의 핵
선제공격 법제화 등 높아지는 위험에 맞서
한국에 대한 확장억제 공약을
과시하려는 의도로 분석된다
레이건호를 이끄는 마이클 도널리 준장은
"항모의 한반도 주변 전개는 어떤 도전 요소나
위협이 생기든 한국을 방어하겠다는
미국의 의지와 헌신을 보여주기 위한 것"
이라면서 "한미동맹은 세계적으로 가장
성공적인 동맹 가운데 하나"라며
"한미관계는 물 샐 틈 없다"고 했다

비속어에 노코멘트

미국 백악관은 윤석열 대통령의 비속어
발언(국회에서 이XX들이 승인 안 해주면
바이든이 쪽팔려서 어떡하냐) 논란에 대해
답변을 거부하며 무대응 기조를 보였다
백악관국가안보회의 대변인은 이날
"켜진마이크(hat mic) 사건에 대해
노코멘트 하겠다"고 밝혔다
이어 "미국과 한국 간 관계는 굳건하며
증진하고 있다 조 바이든 대통령은
윤 대통령을 핵심 동맹으로 여긴다
두 정상은 유엔총회를 계기로
생산적인 회동을 했다"고 밝혔다

고환율 악재

원 · 달러 환율이 1400원을 돌파하면서
국내 기업들에 고환율 · 고금리 · 고물가의
'3중고' 비상이 걸렸다
환율이 오르면 수출이 늘어난다는
오랜 공식은 이제 옛말이 됐기 때문이다
특히 이번 '환율 쇼크'는 수요 위축과
경기침체를 동반해 기업들의 시름이 더욱
커지고 있다 9월 23일 금요일 환율은
1,409원 30전에 마감했다
'검은 금요일'… 코스피 2,300선도 깨졌다

5 · 16혁명의 위용

모진 세월에 묻혀버린 5 · 16혁명의
위용이 드러나고 있다
혁명을 쿠데타로 덮어버린 흑역사
그 치욕의 역사가 훨훨 타고 있다
정치인들이 불을 지피고 있다
한국혁명의 실체
한국대혁명의 실체
선진국 진원지가 동해바다 서광처럼
빛나고 있다

혁명탑은 누가?

일반적으로 정치인을 보수 우파와
진보 좌파로 분류하고 있다
특이하게도 우리나라에서는
운동권의 종북좌파
조국류의 강남좌파
이재명류의 생계형좌파가 더해진다고
혁명탑은 누가 세울 건가
집안싸움에 골몰하는 보수 우파는
그럴 여력과 용기가 없고
생계형좌파가 외연확장을 위해 선수
치고 나올 가능성이 매우 크다
혁명탑을 세우는 용기있는 사람
그 사람이 제2의 영웅이 될 수도 있다

돌아온 윤 대통령 부부

윤 대통령과 부인 김건희 여사가
5박7일간 영국 · 미국 · 캐나다 순방을 마치고
9월 24일 성남 서울공항에 도착했다
성과 대신 외교실패와
비속어 등 논란을 들고 왔다
대통령실은 영국 · 미국 · 캐나다 순방
주요 성과로 '자유를 위한 국제연대 강화'라는
대외정책 핵심기조인 주요
현안해결 · 신뢰회복 등 다섯 가지를 들었지만
순방 결과는 성과보다 논란이 지배했다
비속어 논란이 순방 성과 주목도를 내밀었다
"국회에서 이XX들이 승인 안 해주면
쪽팔려서 어떡하나"라는 대상이
미국의회와 조 바이든 대통령인지
우리국회와 더불어민주당인지를 둘러싼
진실게임은 현재진행형이다

여당 수세서 공세로

국민의힘은 윤석열 대통령의 순방에서 불거진
비속어 논란 등에 대해 반격에 나서
권성동 의원은 "2008년 광우병
조작 선동 당시 MBC는 명백한 거짓말로
나라를 뒤집어 놨다"며 "야당과 좌파 언론이
이번 윤 대통령 순방을 제2의 광우병
조작 선동의 기회로 이용하고자 했다"고 비판했다
22일 MBC는 윤 대통령의 발언을 두고
"(미국) 국회에서 이XX들이 승인 안 해주면
바이든은 쪽팔려서 어떡하나"라는 자막을 달았다
당권 주자인 나경원 전 의원은
"MBC는 의도된 왜곡·조작에 따른
국익 훼손에 대한 책임을 져야 한다"고 했고
김기현 의원도 "조작된 광우병 사태를
다시 획책하려는 무리가 스멀스멀 타나고 있다"며
"정파적 이익에만 몰두해 가짜 뉴스를
확대 재생산하는 작태가
치졸한 파파라치 같다"고 비판했다

국민 위험 빠뜨려

윤석열 대통령은 미국 순방 중 불거진
'비속어 논란'에 대해 "사실과 다른
보도로서 동맹을 훼손한다는 것은
국민을 굉장히 위험에 빠뜨리는 일"이라며
논란이 된 발언이 왜곡 보도된 것으로
각종 비판에 정면 돌파를 선택한 것이다
윤 대통령은 자신이 바이든 미국 대통령과
미 의회를 겨냥한 발언을 할 이유가 없으며
"먼저 이 부분에 대한 진상이 더
확실하게 밝혀져야 한다"고 말했다
국민의힘은 MBC에 대한 강경 대응에 나섰고
더불어민주당은 '적반하장'이라며
사과를 요구했다

여자 무솔리니

이탈리아에서 파시스트 지도자 무솔리니
(1922-1943 집권) 이후 100년 만의
'극우 총리'이자 사상 첫 '여성 총리'의 등장이
확실시 된다
정치 변방에 있던 극우 정당이 유로존
3위 경제국인 이탈리아에서 집권에 성공하며
유럽 정치에 대변혁이 예상된다
고물가로 신음하는 유럽에 포퓰리즘을 앞세운
친러 성향의 극우 세력들이 약진하면서
러시아 제재전선에 균열이 생길 수 있다는 관측이 나온다
9월 26일 이탈리아 공영방송 라이(Rai)가 발표한
출구조사에 따르면 이탈리아 조기 총선에서
극우 정당이 주축이 된 우파연합이
45% 득표할 것으로 예상돼 선두를 차지했다
우파연합은 조르자 멜로니 대표(여 · 45)의
극우 정당 이탈리아형제들(Fdl)과
마테오 살비니 상원의원이 대표인 극우성향 동맹
(Legal) 그리고 실비오 베를루스코니 전 총리가
설립한 중도우파 전진이탈리아 (FI)가 연합했다
우파연합에서 득표율이 가장 높은 FdI의
멜로니 대표가 총리직을 맡을 것이 유력하다

멜로니 대표는 15세에 무솔리니 지지자들이
창설한 네오파시스트 성향의 정치단체
이탈리아사회주의운동(MSI) 청년 조직에 가입해
정치에 뛰어든 극우 성향 정치인으로
'여자 무솔리니'로도 불린다
과거 인터뷰에서 독재자 베니토 무솔리니에 대해
"그가 했던 모든 일은 조국을 위해
한 것이었다"고 추켜 올리면서
"50년 동안 그런 정치인은 나온 적이 없었다"고도 했다
이탈리아는 지난 20년간 정권이 11번
바뀔 정도로 정치적 리더십이 불안정하다
러시아 · 우크라이나 전쟁으로 인한 에너지난과
인플레이션 · 치솟는 국가부채 등
경제위기에 직면해 있다
대러시아 제재와 나토 · 유럽 통합 같은
대외 현안들도 쌓여 있다
이탈리아의 선택이 주변국에 미칠
연쇄적 파급효과는 적잖을 것이란 전망이다

방산 강자 한화그룹

한화그룹이 14년 만에 대우조선 해양 인수에
재도전한 것은 방위산업과 에너지사업에서의
시너지가 클 것으로 기대하기 때문이라는 분석이 나온다
김승연 한화그룹 회장은 2008년 첫 도전 당시
경영진 회의에서 "대우조선 인수를 반대하는
임원이 있다면 회사를 떠나라"고
말할 만큼 강한 의지를 드러냈었다
정부가 '부실 공룡' 대우조선해양을
한화그룹에 매각하기로 했다
빠른 매각만이 혈세 연명의 악순환을 끊어낼
유일한 길이라는 게 정부 판단이다
약 12조 원의 공적자금을 수혈 받아
20여 년을 버텨온 대우조선은
방만경경 · 분식회계 · 횡령 등으로 얼룩져
'주인 없는 회사'의 전형이었다
한화의 인수가 성공하면 대우조선은
21년 만에 새 주인을 맞는다
문제는 강성노조다 14년 전 대우조선
인수 우선협상 대상자였던 한화는
노조의 저지로 현장 실사도 못했다
한화는 국내 대표 방산 기업이면서도

육군 · 공군에 비해 해군 분야가 상대적으로
취약하다는 평가를 받았다
대우조선은 현대중공업과 함께 국내 대형
특수선 시장을 양분하는 대표 기업이다
한화그룹 측은 "이번 인수로 한화가 조선업계에
진출하는 것을 넘어 그룹 주력인 방산에서
새 성장 동력을 확보할 계획"이라며
"전 세계 지정학적인 위기로 한국 무기체계에 대한
주요국의 관심이 커지는 상황에서
방산기술 역량과 글로벌 수출
네트워크를 확대하겠다"고 밝혔다
'방산 강자' 한화그룹!
함정-잠수함까지 육해공 완전체제 구축 나서
한화 2조에 대우조선 인수…
산은 헐값 논란 속에 "빠른 매각이 살길"
산은 등 2015년 후 7조 1000억 투입
회수자금 턱없이 적어 논란 일 듯
"눈덩이 손실 최소화 방안" 강조…
산 넘어 산이다

판문점 간 해리스

해리스 미국 부통령은 9월 29일 오전
용산 대통령실에서 윤석열 대통령과 만나
북한 핵문제와 경제 · 통상 · 기술 협력 등
한미동맹간 현안에 대해 논의한 뒤
곧바로 정동 주한 미국대사관저로 이동해
한국 각 분야의 여성들과 간담회를 가졌다
해리스 부통령은 DMZ를 방문해 북한을
"악랄한 독재정권"이라고 말했다
해리스 부통령은 판문점 분계선 앞에서
"전쟁 위협이 여전하다"면서 "미국과
한국은 어떤 만일의 사태에도 준비돼 있다"고
말했다고 로이터통신이 전했다
해리스 부통령은 DMZ 방문 일정을 끝으로
귀국길에 올랐고 북한은 이날
동해상으로 탄도미사일을 또 발사했다

박진 해임안 통과

더불어민주당이 9월 29일 해리스 출국 직후
국회 본회의에서 박진 외교부장관에 대한
해임건의안을 단독으로 가결시켰다
윤석열 대통령의 해외순방 도중 불거진
'비속어 논란' 등을 '외교 참사'라 규정하고
주무 장관인 박진 장관을 해임해야 한다는 것으로
대통령실은 해임안 가결 뒤 '입장이 없다'고 밝혔다
해임건의안 상정에 항의하며 퇴장한
국민의힘은 "사실상 대선 불복"이라고 언급하며
강하게 반발했고 국민의힘 외의 정의당과
시대전환 야권성향 일부 무소속 의원들도
표결에 불참했다

4대 회계법인 3조 원 매출

국내 빅4 회계법인의 매출액이
처음으로 3조 원을 넘어섰다
2018년 주기적 감사인 지정제 등을 도입한
신외부감사법 시행 이후
회계감사 매출이 꾸준히 늘어난 가운데
재무자문 및 컨설팅 부문 외형이 급성장한 결과다
4대 회계법인 삼일 · 삼정 · 한영 · 안진 등의
2021년 매출 총액은 3조 1890억 원으로
전년의 2조 6074억 원보다 22.7% 증가한 수치다

한국은 중요한 이웃

기시다 후미오 일본 총리는
10월 3일 임시국회 개원에 맞춰
향후 정책 운영 방향을 설명하는
소신 표명 연설을 통해
한국을 "국제사회의 다양한 과제에
대응하기 위해 협력해야 할
중요한 이웃 나라"라고 규정했다
윤석열 대통령과 약식회담을 하는 등
양국간 대화가 활발해진 상황을
반영한 것이란 분석이다

감사원 무례한 짓

문재인 전 대통령이 서해 공무원 피살사건과
관련한 감사원의 서면조사 요구에
"대단히 무례한 짓"이라고 했다
이에 대해 고 이대준 씨의 아내 권영미 씨는(43)
"문 대통령의 발언은 오히려 유족에게
무례한 명예훼손이자 명백한 2차 가해"라면서
"본인이 직접 진실을 규명하고
책임지겠다고 약속해 놓고
국민의 생명을 지키지 못한 것에 대한
미안함은 전혀 없어
유족들을 조롱하는 것처럼 느껴진다"고 말했다

북 · 러의 핵 위협

북한이 10월 4일 일본 열도를 넘겨
태평양으로 중거리탄도미사일(IRBM)을 발사했다
일본 전역은 물론이고 B-IB 폭격기 등
미 전략자산 발진기지인 미국령 괌에 대한
핵 타격 능력까지 노골적으로 과시한 것
일본 사이렌-지하 대피령…
신간센 한때 중단… 기시다 "북의 폭거"
한 · 미 · 일 안보수장 통화 "강력한 대응"

NATO가 최근 회원국들에 "러시아 해군
잠수함 K-329가 둠스테이(종말의 날)로 불리는
핵 어뢰 '포세이돈'을 싣고 북극해를 향해 출항했다
핵무기 시험 가능성이 있다"는 첩보를 보냈다고
이탈리아 일간 라레푸블리카가 보도
영국 일간지 더타임스는
러시아 국방부의 핵 장비 전담부서 소속 열차가
우크라이나 전방으로 이동하는 모습이 포착됐다고 했다

1972년 10월 유신

1972년 10월 유신의 달
50년 세월이 훌쩍 흘러갔다
2022년 10월의 생각은 각별하다
박정희 대통령이 없었다면
지금 우리는 어떤 모습일까…

민주화가 먼저냐
산업화가 먼저냐의 갈림길에서
박정희 대통령은 금강산
구경도 식후경이라고 했다
배가 고픈데 무슨 구경이냐
배부터 채우자고…

우린 산업화도 민주화도
모두 이루고 선진국이 되었다
운동권은 지금도 민주화가
먼저라고 외치고 있다
낙오자들의 넋두리가 아닐까…

김동길 교수 별세

김동길 연세대 명예교수(94)가 별세했다
1928년 평안남도 맹산군에서 태어난 고인은
1946년 김일성 정권이 들어서자
월남해 연세대 영문과를 졸업하고
미국 에반스빌대학에서 사학을
보스턴대에서 철학을 전공했다
귀국 후 연세대 사학과 교수로 재직하면서
사회운동 · 현실정치에 관여했다
유신체제 시절 박정희 정부를 비판하는
글을 쓰면서 민주화운동에 나섰다
1974년 전국민주청년학생연맹(민청학년)
사건으로 징역 15년형을 선고받고
대학에서 해직됐고 이내 형집행정지로
석방된 후 복직했지만
1980년 김대중 내란음모사건에 연루되면서
다시 해직됐다

그러나 박정희 정부에 대해
"유신체제가 잘못된 것이 많지만
조국의 경제를 이만큼
만든 것은 인정해야 한다"고 평가하면서

이후 민주화운동과 거리를 두며
급격히 보수 쪽으로 기울었다
나비넥타이와 콧수염을 트레이드마크로
삼았던 고인은 1980년대 정치평론을 하며
"이게 뭡니까"라는 유행어를 남겼다
1991년 강의 도중 강경대 치사사건을
비하하는 언급을 했다가
학생들의 반발에 강단을 떠나야 했고
정주영 현대그룹 회장이 창당한
통일국민당에 입당 1992년 서울 강남갑에 출마해
제14대 국회의원이 됐다

1996년 정계 은퇴 뒤 보수 논객(論客)으로
인기를 끌면서 노무현 대통령 생전에
"국민에게 사과하는 의미에서 자살이라도
해야 한다"고 해 논란을 일으키기도 했다
장례는 가족장으로 10월 7일까지 치러지며
시신은 고인의 뜻에 따라 연세대 의대에 기증된다
서대문구 자택은 누나인 김옥길 전 장관이
총장을 지낸 이화여대에 기부하고
평생 독신으로 지낸 고인의 유족으로는
여동생 옥영·수옥 씨가 있다

정진석 비대위 인정

법원이 10월 6일 국민의힘 '정진석 비대위'
체제 효력을 유지하는 결정을 내렸다
8월 26일 '주호영 비대위'의 효력을
정지시켰던 것과 정반대 취지의 결정이 나오면서
7월 8일 국민의힘 윤리위의 징계로 시작된
'이준석 사태'는 90일 만에 소멸 국면으로 접어들었다
서울남부지법 민사합의51부(수석부장 황정수)는
이날 이준석 전 국민의힘 대표가
"정진석 비대위원장과 비대위원들의
직무를 정지해 달라"며 낸
가처분 신청을 기각했다

아마겟돈 올 수도

조 바이든 미국 대통령이 10월 6일
러시아 '핵 위협'에 대해
"쿠바 미사일 위기 이후 처음으로
핵무기가 사용될 직접적인 위협이 있다"며
"아마겟돈(인류 최후 대전쟁)이 올 수 있다"고 했다
바이든 대통령은 뉴욕에서 열린
민주당 선거자금 모금 행사에서
"쿠바 미사일 위기 이후
아마겟돈의 전망을 맞게 된 적이 없다"며
"전술핵무기를 사용해 놓고
아마겟돈으로 끝나지 않는
능력 같은 것은 없다고 생각한다"고 말했다
1962년 미국과 소련이 핵전쟁 직전까지
치달았던 쿠바 미사일 위기에 비유하며
러시아가 실제로 핵무기를 사용할
가능성이 있다는 우려를 밝힌 것이다

한 · 일 군사밀착

일제 강제동원 피해자 배상 일본군
'위안부' 문제 등으로 최악상태에 빠져 있는
한 · 일관계가 변화의 조짐을 보이고 있다
양국 정상은 한 · 일 간 안보협력 필요성에 공감하고
'격의 없이 수시로 소통'하기로 했다
양국 정상이 이처럼 잇달아 접촉을 가지는 것은
최근 한 · 일관계에서 이례적인 모습이다
최근 나타나기 시작한 한 · 일관계의 변화는
여러 가지 추동 요인이 있으나
가장 직접적인 것은 도발 수위가
급격히 높아진 북한의 행동이다
북한은 핵 선제공격까지 포함하는
핵무력 정책 법제화 발표 이후
특히 10월 4일 북한이 일본 열도를 통과하는
중거리 탄도미사일을 발사하자
일본은 매우 예민한 반응을 보이고 있다

야당으로부터 '외교참사' 비난까지 받은
해외 순방의 여파로 지난주 취임 후
최저치(24%)를 기록했던
윤석열 대통령 지지율이 반등(29%)했다

외교가 오히려 호재로 작용한 셈이다
이에 맞서 더불어민주당은
한·미·일 연합훈련에 일본이 참여한 것을
추가로 문제 삼으며 공세를 이어가고 있다
이재명 대표는 "일본은 과거 북한의 남침
5년 전까지 한국을 무력 지배했던 나라"라며
"일본 헌법조차 '자위대는 교전권이 없다'고
하는데 일본을 끌어들여 합동군사 훈련을 하면
자위대를 정식 군대로 인정하는 것으로
해석될 수 있지 않겠느냐"
"이는 외교참사에 이은 국방참사"라면서
"우리 국민은 한·미·일 군사동맹을 원치 않는다
정부는 명백하게 사과하고 다시는
이런 훈련을 하지 않겠다고 약속하라"고 주장했다

푸틴의 굴욕

러시아 '크름대교' 폭발
푸틴 전술·자존심에 큰 타격
우크라 전세 역전 가속화…
러시아가 2014년 강제 병합한
크림반도와 본토를 잇는 크림대교에서
10월 8일 대형 폭발사고가 발생해
다리 일부가 붕괴됐다
전세가 우크라이나에 유리하게 바뀌고
있는 가운데 러시아의 주요 보급로였던
크림대교 붕괴는 러시아 측에
상당한 타격을 입을 것으로 보인다
러시아는 10월 10일 우크라이나의 수도
키이우를 비롯해 우크라 전역에 미사일
83발을 발사해 40발이 목표물을 타격
최소 11명이 숨지고 64명이 다쳤다
크림반도 점령의 상징이자 러시아군 핵심
보급로인 크림대교 폭파로 자존심을 구긴
푸틴 러시아 대통령이 우크라의 '심장부'까지
공습한 만큼 '피의 보복전' 강도를
끌어올릴 것으로 보인다

코로나백신 5차접종

오미크론 변이에 맞춰 개발된
코로나19 개량백신 접종이 10월 11일 시작돼
나는 오늘 다섯 번째로 접종을 받았다
이번 접종에 사용되는 백신은
모더나가 개발한 2가 백신으로
현재 국내 우세종인 BA.5 변이에 대해
기존 백신보다 예방효과가
69% 높은 것으로 분석됐다

이재명 욱일기 공방

더불어민주당 이재명 대표가 10월 10일
"욱일기가 다시 한반도에 걸리는 일이
실제로 생길 수 있다"고 말했다
동해상에서 이뤄진 한·미·일 연합훈련에 대해
"극단적 친일국방"이라고 비판한 지
3일 만에 또다시 공세를 높이자
국민의힘은 "이 대표의 정치적 망상과
망언이 도를 넘었다"고 반박했다

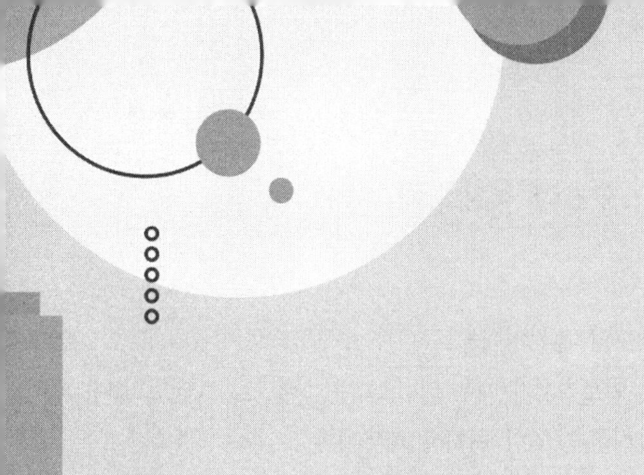

제4장

한반도엔 무슨 일?

북 · 중 · 러 독재정권

전체주의 정권의 불가측성과 무모함으로
세계 안보질서가 매우 위험스러운 상황으로 치닫고 있다
블라디미르 푸틴 러시아 대통령과
북한의 김정은은 동시다발적으로
미사일과 핵위협을 가하고 있고
대만 상공으로 미사일을 날린 바 있는
중국은 언제 대만을 침공할지 모르는 상황이다
한국은 하나도 아닌 예측 불가능한 북 · 중 · 러 인접
독재정권 모두와 마주하고 있다
제1야당의 이재명 대표는 동해 공해상에서 벌어진
한 · 미 · 일 연합훈련을 옹호한 여권을 향해
연일 '친일' 공세를 이어가고 있다
정진석 국민의힘 비상대책위원장은
"일본은 조선 왕조와 전쟁을 한 적이 없다"
"일본은 국운을 걸고 청나라와 러시아를
무력으로 제압하고 쓰러져가는
조선왕조를 집어삼켰다"고 해 파문이 일고 있다

문재인 김일성주의자

대통령 직속 사회적대화 기구인
경사노위(경제사회노동위원회) 김문수 위원장이
문제인 전 대통령에 대해 '김일성주의자'라고 말해
논란이 벌어졌다
10월 12일 열린 국회환경노동위원회의
경사노위 국정감사는 김 위원장이 퇴장당하는 등
파행을 빚었다
더불어민주당 전용기 의원이 "지난해 4월 김 위원
장이 문재인 대통령 · 586 주사파들은
대한민국의 정통을 부정하는
종북 김일성주의자라고 했다"며
문 전 대통령을 주사파라고 생각하느냐고 물었다
그러자 김 위원장은 "문 전 대통령 본인이
신영복 선생을 가장 존경하는 한국사상가라고 했는데
굉장히 문제가 많은 발언"이라며
"신영복을 가장 존경한다면 확실하게
김일성주의자"라고 답했다
야당 의원들이 사과를 요구하자
김 위원장은 자신의 견해를 굽히지 않아
이날 국감은 세 번째로 중단했다

전술핵 재배치론

남북은 한반도 핵문제를 협의하기 위한
양측 대표 접촉을 토대로 1991년 12월 31일
'한반도 비핵화공동선언'을 발표했다
한반도 영토 내에 핵무기와
핵 제조 프로그램을 폐기하고
향후에도 보유하지 않겠다는 게 핵심이다
공동선언은 1992년 2월 19일 평양에서 열린
제6차 남북고위급회담에서 정식 발효됐다
이에 앞서 1958년부터 전술핵을
주한미군에 배치했던 미국은
1991년 북한의 핵개발 명분을 없애겠다는 취지로
남한 내 핵무기를 전량 철수했다
이후 북한은 핵재처리 시설과
우라늄 농축시설을 보유하고
핵무기 개발은 물론 핵실험에도 나섰다
윤석열 대통령이 10월 11일 전술핵 재배치론과 관련해
"한미 조야 의견을 경청하고 따져보고 있다"고
발언한 이후
여권 내에서는 대북 강경론이 분출하고 있다

세계 최고의 직장

세계 청년들이 선호하는 기업의 대명사는
한동안 구글이었다
높은 지명도에 멘토링 기회
호텔 뷔페 수준의 공짜 구내식당
근무시간의 20%를 자기개발에 쓸 수 있는
자유로운 조직 문화가 직원들을 자석처럼
빨아들이면서 2700대 1의 경쟁률을 기록한 적도 있다
그런데 구글보다 더 선망 받는 직장이 있다
미국 경제지 포브스가 최근 발표한
'세계 최고의 직장' 순위에서
삼성전자가 3년 연속 1위를 차지했다
57개국의 다국적 기업 임직원 15만 명을 대상으로
4000여 개 기업의 영향력 · 이미지 · 인재육성 프로그램 · 임금 수준 · 근무 여건을 평가해
가장 높은 점수를 받은 상위 800개 기업을
추려낸 결과였다
2~5위는 마이크로소프트 · IBM·알파벳 · 애플 순으로
모두 미국계 IT 기업이다

북한 560발 포격도발

2022년 10월 13일 밤 시작된 북한의 도발은
14일 새벽까지 4시간 37분이나 계속됐다
군용기가 먼저 출동했다
군은 즉각 F-35A 스텔스 전투기 등을
출격시켜 대응했다
북한이 한밤중에 군용기 위협 비행과
탄도미사일 발사 해안 포사격 등
동시다발적으로 하루 560발 포격도발 나섰다
2018년 평양 회담에서 채택한 9 · 19합의는
군사분계선 일대 비행과
포 사격훈련 금지 동서완충구역에서의
포사격 및 해상 훈련 중지를 담고 있다
윤석열 대통령은 북한의 포사격에
"9 · 19합의 위반"이라고 비판하고
정부는 제재 리스트에 북한 국적의
개인 15명 기관 16곳을 추가해 5년 만에
대북 독자 제재도 단행했다

남쪽 사람들

북한 김정은 위원장의 눈에는
남쪽 사람들은 뿌리도 정통도 없이
5년마다 대통령을 뽑아가지고
떼거지로 뜯어먹다 물러나고
다음에 또 다른 떼거지가 몰려와
물고 뜯고 하는 그런 싸가지 없는 집단으로
보이는 걸까?
쌀밥에 쇠고깃국 타령만 하다가 간
김일성 · 김정일의 시신을 미라 처리하고
화려 장대한 그들의 동상 · 초상화로
북녘을 도배질해 놓은 북한 사람들
남쪽 것들은 조상도 어른도 선후배도 몰라보는
불쌍놈으로 볼 수 있을 것이다

국감장 난타전

10월 18일 수도권 검찰청과 경기도에
대한 국정감사에선 여야가
민주당 이재명 대표 및 윤석열 대통령
부인 김건희 여사와 관련된 검찰 수사를
놓고 난타전을 벌였다
국민의힘은 이 대표가 연루된
대장동 개발사업 특혜의혹
성남FC 후원금 의혹 등에 대해
철저한 수사를 촉구했다
반면 민주당은 이 대표를 엄호하면서
김건희 여사가 연루된 도이치모터스
주가 조작 의혹 등에 화력을 집중했다

재판 시작한 이재명

법정싸움 시작한 이재명 대표…
공직선거법 위반 혐의로 기소된
더불어민주당 이재명 대표의 재판이
10월 18일 시작됐다
사법리스크도 현실로 다가온 이 대표는
첫 공판준비기일인 이날
"조작 수사에 대비해야 한다"고
지지자들에게 당부했다
민주당은 이 대표 관련 수사를
윤석열 정부의 '국면전환용 야당 탄압'으로
규정하고 뭉치는 분위기지만
이 대표의 리더십은 시험대에 선 모습이라고…

이재명 복심 체포

검찰이 10월 19일 이재명 더불어민주당
대표의 대표적 복심(腹心)으로 분류되는
김용 민주연구원 부원장을 체포했다
대장동 관련 민간 사업자로부터 뒷돈을
받고 특혜를 제공했다는 혐의다
검찰은 서울 여의도 더불어민주당 중앙
당사에 있는 민주연구원도 압수수색에 나섰다
민주당은 검찰의 민주연구원 압수수색시도를
"대한민국 정치사에서 유례를
찾아볼 수 없는 무도한 행태"라고 반발
민주당 의원 100여 명은 이날 오후
박홍근 원내대표 지시에 따라 국정감사를
중단하고 당사 앞에 집결해 압수수색을 가로막았다
검찰은 "법원에서 발부한 압수수색 영장을
적법하게 집행하는 것"이라고 맞서다
오후 10시 50분경 철수했다
민주당은 24일까지 예정된 국정감사도 보이콧할 계획이다

검찰 노영민 소환

탈북 어민 북송사건을 수사 중인 검찰이
노영민 전 대통령비서실장을 조사했다
검찰 수사가 문재인 정부
대북·안보라인 윗선으로
빠르게 뻗어나가는 모양새다
탈북 어민 북송사건은 2019년 11월 정부가
동료 선원 16명을 살해한 것으로 추정되는
탈북 어민 2명을 북한에 강제로 보냈다는 의혹이다
조만간 정의용 전 청와대 국가안보실장
서훈 전 국가정보원장 등도
조사를 받을 것이라는 관측이 나온다
서해공무원 피격사건과 마찬가지로
윗선 수사가 본격화되면 문재인 전 대통령도
검찰 수사가 대상이 될 것으로 예상된다

주사파는 반국가세력

윤석열 대통령은 10월 19일 국민의힘
원외 당협위원장들을 만난 자리에서
"자유민주주의에 공감하면 진보든
좌파든 협치하고 타협할 수 있지만
북한을 따르는 주사파는 진보도 좌파도
아니다"라며 "적대적 반국가 세력과는
협치가 불가능하다"고 말했다
윤 대통령은 서울 용산 국방컨벤션에서 열린
취임 후 첫 '원외 당협위원장 초청
오찬간담회'에서 "중요한 것은 우리 스스로
자유민주주의 체제에 대한
확고한 믿음과 확신을 갖는 것"이라며
이같이 강조했다

영국총리 사의

'철의 여인' 꿈꾼 트러스 영국 총리가
10월 20일 런던 다우닝가 10번지
총리관저 앞에서 사임을 선언했다
감세안 철회 후폭풍에서 빠져나오지 못한 상황에서
자신이 임명한 각료들이 잇따라 사퇴하면서다
지난달 6일 총리에 취임한 트러스는
44일 만에 자리에서 내려오면서
영국 역사상 '최단 총리'란 오명도 갖게 됐다

얼어붙는 정국

여야가 이재명 더불어민주당 대표를 겨냥한
검찰의 대선자금 수사를 두고 정면충돌…
이재명-불법자금 1원도 안썼다
정진석-떳떳하면 수사에 응하라
10월 20일 국회 국정감사에서는
19일 검찰의 민주당사 압수수색을 놓고
곳곳에서 충돌이 벌어졌다
난장판 된 국감… 반말과 고성 끝에…

관광명소 만들기

외국 관광객은 한국에 머물면서 주로
서울 명동·남산·경복궁 등
몇몇 명소에 집중적으로 방문하고
쇼핑과 맛난 음식을 즐기는 것이
전형적 한국관광의 모습이라고 한다
즉 외국 관광객이 직접 참여하고 즐기는
엔터테인먼트 형태의 프로그램이
상당히 부족하다는 것이다
따라서 이 부분을 보강해야 관광 만족도가
더욱 높아져 체류 기간도 늘고
재방문율도 높아질 것이다
한국의 K컬처 확산으로 글로벌 위상이 높아지고
있는 이때 즐길 거리 강화를 통한
해외 관광 영토 확장은 충분히 가능하다
외국 관광객이 다양한 문화 활동에 직접 참여하는
상설 프로그램을 국가 단위에서 기획해
어느 때나 한국을 방문해도
공연 등을 한 지역에서 관람하게 하는 것도 필요하다
예를 들어 한국은 어떻게 선진국이 되었나
'혁명탑'을 세워 한국의 위상을 알리고
배울 수 있는 공간으로 만들어 가면 어떨까 하는

생각을 해본다
외국인들이 가장 궁금해하는 것이
한국은 어떻게 해서 "원조를 받던 나라에서
원조를 주는 나라가 되었을까?"
"꼴지에서 네 번째로 가난하던 나라가
반세기 만에 선진국이 되었을까?"
우리는 이념에 가려 그 과정을 숨기고 있다
바보 · 병신 같은 짓이다
외국 관광객들이 한국에서 보고 배우고 싶은
'국가발전 열망'에 대한 궁금증을 풀어주고
동시에 관광을 통해서 경제적 효과를
극대화할 필요가 있다
'관광산업'을 우리 경제의 주요 핵심축으로
고려할 때가 되었다

유동규의 폭탄발언

10월 20일 구속기간 만료로 석방된
유동규(53) 전 성남도시개발공사
기획 본부장의 '입'이 대한민국을 뒤흔드는
화약고가 됐다
그는 대장동 의혹수사가 시작된
2021년 9월 압수수색 당시 창밖으로
휴대전화를 던진 이래
지난 1년간 구속 수사 및 재판을 받으면서
이재명 더불어민주당 대표와 관련해선
입을 열지 않은 채 '의리'를 지켜왔다
그랬던 그가 "김용 민주연구원 부위원장에게
대선 경선자금 8억 원을 건넸다"고 토로한 데 이어
"이재명이 명령한 죗값은 이재명이 받아야 한다"며
연일 폭탄 발언을 쏟아내고 있다
유동규의 변심을 놓고
"이 대표와 측근들이 자신만 희생양을 삼았다"란
배신감이 컸던 게 요인이라는 분석과 함께
더 잃을 것 없는 그의 폭로가
계속될 것이란 분석이 나오고 있다

시진핑 1인천하

시진핑(習近平 · 69) '1인천하' 시대의
대관식이 10월 23일 베이징 인민대회당 3층
국빈만찬 장소인 금색대청에서 열렸다
이날 행사는 중국공산당 제20기 제1차
중앙위원회 전체회의에서 선출한 신임
상무위원 7명이 서열순으로 들어서는 것으로 시작했다
현장의 내외신 기자 600여 명 사이에서는
놀라움의 탄성이 터져 나왔다
100% 시진핑 친위대를 연상케 하는
측근 일색의 인사여서다
시 주석은 이날 3연임의 일성으로 '인민'을 외쳤다
그는 "인민은 가장 견실한 의지이자
가장 강대한 저력"이라며 "인민과 비바람을 맞으며
같은 배를 타고 인민과 마음이 통하고
인민과 생각을 같이 하고 인민의 부탁을 행하며
아름다운 생활에 대한 인민의 소망을
끊임없이 현실로 바꿔야 한다"고 강조했다

서욱 · 김홍희 · 김용 구속

서욱 전 국방부장관
김홍희 전 해양경찰청장이 서해 공무원 피살사건을
은폐 · 조작한 혐의 등으로 10월 22일 구속됐다
또 이재명 더불어민주당 대표의 최측근
김용 민주연구원 부위원장도
대장동 위례신도시 민간개발 사업자들로부터
8억 4700만 원의 불법자금을 건네받은
혐의로 같은 날 구속됐다
그러나 이 수사는 문재인 전 대통령과
이재명 대표를 직접 겨냥하고 있어
민주당이 강하게 반발하고 있다

여자 무솔리니 총리

여자 무솔리니 멜로니
이탈리아 첫 여성총리 취임…
취임 일성으로 '친나토-친EU' 천명
9월 25일 총선에서 승리한 이탈리아
극우 여성 정치인 조르자 멜로니(45)
이탈리아형제들(FdI) 대표가 10월 22일
헌정사상 첫 여성총리로 취임했다
줄곧 반난민 등을 외친 그가 재무장관 등
요직에 친유럽연합(EU) 인사를 발탁했음에도
국제사회는 파시스트 베니토 무솔리니
전 총통이 집권한 1922년 이후 100년 만에
등장한 극우 지도자에게 우려의 눈길을 보내고 있다

후진타오의 퇴장

10월 22일 공산당 제20차 전국대회 폐막식에서
시진핑(習近平) 국가주석(2012-2022) 옆자리에 앉았던
후진타오(胡錦濤) 전 국가주석(2002-2012)이
갑자기 누군가의 부축을 받아 행사장을 빠져나갔다
이 장면을 두고 후 전 주석이 끌려나간 것이라거나
지도부 인선에 불만을 표시한 것이라는 등
다양한 해석이 나오고 있다
정확한 이유는 알 수 없으나
후 전 주석의 갑작스러운 퇴장으로
공산당에서 '원로정치의 종말'을
상징적으로 보여주는 장면으로 인식되고 있다

2012년 후진타오(80)와 시진핑(69)의
권력 이양은 이례적으로 순조로웠다
후진타오 전 국가주석은
"원로정치 타파"를 명분으로
진임자가 몇 년간 군권을 갖는 전례를 깨고
당·군 권력을 한꺼번에 물려줬다
후임자 시 주석은
"고풍량절(高風亮節-고상한 품격과 굳은 절개)을
보여줬다"는 극찬으로 화답했다

두 손을 맞잡고 환하게 웃던 둘은
10년 후 전 세계가 지켜보는 가운데
어색한 장면을 노출하게 될 줄은 몰랐을 것이다
제20차 공산당 전대에서 단연 눈길을 끈
장면은 후 전 수석이 폐막식 도중 화난 표정을 짓다가
수행원의 부축을 받아 퇴장하는 모습이다
후 전 주석은 고위급 원로들 중
이례적으로 이번 당대회에 참석했다
당 3대 파벌인 '사하이방'의 거두
장쩌민(張澤民 · 1989-2002) 전 주석과
주룽지 전 총리의 모습은 보이지 않았는데
시 주석의 종신집권을 반대했기 때문이라는 해석이다

혼돈의 영국 총리

정치와 경제 모두 초유의 혼란에 빠진
영국의 새 총리로 리시 수낵 전
재무장관이 확정됐다
올 들어서만 세 번째 총리다
42세의 수낵 전 장관이 총리가 되며
영국 첫 비백인계이자 최연소 총리가 탄생했다
그러나 전임 리즈 트러스 전 총리가
감세정책의 대실패로 취임 44일 만에 사임하는 등
세계 금융시장의 신뢰를 잃은 데다
막대한 부채 등 구조적위기가 여전해
혼란이 지속될 것으로 보인다

수낵 새 총리는 인도계 이민자 가정 출신으로
종교는 힌두교다 캐나에서 태어난
인도계 의사 아버지와 탄자니아에서 출생한
인도계 약사 어머니를 뒀다
1960년대 영국으로 이주한 부부는
1980년 수낵 새 총리를 낳았다
영국 옥스퍼드대를 졸업하고 글로벌 투자은행
골드만삭스 애널리스트와 헤지펀드 메니저로
일하던 그는 2015년 의회에 입성했다

2020년 보리스 존슨 내각 재무장관으로 발탁되며
'존슨의 남자'로 통했지만
2022년 7월 '파티게이트'로
존슨 전 총리가 사퇴 위기에 몰리자
가장 먼저 장관직을 던져 존슨 전 총리를 압박했다
부인은 인도 IT 대기업 인포시스 창업자
나라야나 무르티의 딸인 디자이너 악샤타 무르티다
그와 부인의 재산은
약 7억 3000만 파운드(1조 1886억 원)나 된다
그럼에도 부인이 해외소득 관련 세금을
내지 않아 구설수에 올랐다
수낵 전 장관도 명품 프라다 양복과 신발을 착용하고
비싼 펠로턴 자전거를 타고 다녀 눈총을 받았다

세계는 지금

러시아의 우크라이나 침공으로 시작한
전쟁은 언제 끝날지 모르는 가운데
영국의 차기 총리로 인도계 수낵
전 재무장관(42)이 확정되자
인도인들은 "영국 식민지에서 독립한 지
75년 만에 영국에 인도계 총리가 등장했다"며
일제히 환호했다
사실상 1인독재 시대를 연 시진핑 중국
구가주석 3연임에 대한 시장 반응은 '공포'였다
'시진핑 리스크' 우려 속에
시장은 황급히 중국 관련 주식 · 채권에서 발을 뺐다
'차이나 런-중국 회피 · 차이나와 뱅크런의
합성어'이 시작됐다는 분석이 나온다
24일 개장한 뉴욕 증시에서도 중국 관련
주식 · 채권 투매 현상이 이어졌다
이날 하루 동안 미 증시에 상장한 중국
5대 기업의 시가총액 523억 달러(75조 원)가 증발했다
65개 중국기업으로 구성된 '나스닥 골든
드래건 차이나 지수'는 시 주석이 처음 집권한
2013년 이후 9년 만에 최저치를 기록하며
시총 734억 달러(106조 원)가 날아갔다

윤석열 대통령이 10월 25일 국회에서
취임 이후 처음으로 내년 예산안에 대한시정연설을 했다
169석의 더불어민주당 의원들은 전원 불참했다
대통령 초유의 '반쪽 시정 연설'…
윤석열 대통령이 박정희 대통령43주기를
하루 앞둔 25일 국립서울현충원
박정희 대통령 묘소를 참배했다
박근혜 전 대통령을 제외한 현직 대통령이
서거일 전후 묘소를 찾은 것은 이례적이다
윤 대통령은 최근 "종북 좌파와는 협치
불가" 등 이념성 짙은 강경 발언으로
보수층 붙들기에 주력하고 있다는 평가를 받고 있다

10 · 26 단상

손학규 전 경기지사의 중앙일보 기고
'10 · 26 박정희 대통령 서거 43주기…
안보 · 경제 복합위기 박정희 리더십을 다시 본다
1965년 대학에 입학한 그는 1979년까지
"독재 타도 · 유신 철폐"만을 외치다가
구속되어 1979년 10월 28일 석방돼서야
박 대통령의 서거를 알았고 순간적으로
"우리가 이겼다"고 회상했다
그런 손학규가 영국 유학 생활을 하면서
인식이 많이 바뀌었다고 했다
"내가 외국으로 나간 것은 바깥세상을
보기 위한 것이었다 나가서 세계를 보게 됐고
세계가 보는 대한민국의 위상을 보게 된 것이다
내가 그토록 미워했고 싸워 온
박정희에 대한 세계의 인식을 마주치게 된 것이다
영국과 미국 등 세계는
박정희의 리더십에 의한 대한민국의 경제 발전을
높이 평가하고 있었다"
그가 경기도지사 재임시절 판교 테크노벨리 ·
광교 나노팹 센터 · 융합기술원 · 평택항 개발
등 첨단산업 발전을 위한 기반시설을 구축하면서

박정희가 과거에 구축해 놓은
경제의 기반이 얼마나 중요한지
인식할 수 있었다고도 했다
"박정희 대통령이 이뤄놓은 경제발전은
몇 개 부분의 한정된 경제구조가 아니다
농업 · 경공업 · 중화학 공업을 순차적 · 체계적으로
발전시켰고 미래 첨단산업을 위한 기반을 닦는
장기적이고 미래지향적 경제 발전을 이뤘다"
"오늘 우리가 처한 위기를 벗어나기 위한
길을 찾으며 박정희 대통령을 상기한다
미래를 내다보는 지도자 없는 나라는 희망이 없다
세계의 변화와 대한민국의 미래를 준비하며
나라를 경영한 박정희 대통령의
리더십을 평가한다"고 했다

한반도엔 무슨 일이?

10월 28일 2주 만에 또 탄도미사일
발사한 북한에 바이든 정부 첫
'북핵 군축론' "김정은 핵쓰면 정권 종말" 경고…
러시아 푸틴 대통령은 이례적으로 한국을 지목해
"한국이 우크라에 무기 제공하면
한 · 러 파탄" 경고…

이태원 핼러윈 참사

핼러윈을 앞둔 주말이었던
2022년 10월 29일 밤 10시 20분경
서울 용산구 이태원 해밀튼호텔 서편 골목에
대규모 인파가 몰리면서 159명이 숨지고
197명이 다치는 참사가 발생했다
2014년 304명이 숨진 세월호 참사 이후
가장 많은 인명 피해를 낸 대형 사고다
사상자 대부분은 20대인 것으로 확인됐다
길이 꺼진 것도 아니고 멀쩡한 길에서
사람들이 쏠려 넘어지면서 일어난 사고다
청천병벽 같은 일이다
정부는 이날부터 11월 5일까지를
국가 애도기간으로 지정했다
이 기간 모든 공공기관과 재외공관에서
조기를 게양한다
공무원과 공공기관 직원은 애도를 표하는
리본을 달고 모든 정부 부처와 지방자치단체
공공기관은 시급하지 않은 행사를 연기한다

각국 정상들도 애도

바이든 미국 대통령은 성명을 내고
“(아내) 질과 나는
서울에서 사랑하는 사람을 잃은 가족들에게
깊은 위로를 보낸다”면서
“우리는 한국인들과 함께 슬퍼하고
부상자들이 조속히 쾌유되기를 기원한다”고 말했다
기시다 후미오 일본 총리는 외무성을 통해
발표한 글에서 “서울 이태원에서 발생한
매우 참혹한 사고로 젊은이를 비롯한
많은 사람이 귀중한 생명을 잃은 것에
큰 충격을 받았고 매우 슬프다”며
“이 힘든 시기 한국 정부와 국민에게
연대의 뜻을 표명한다”고 밝혔다
시진핑 국가 주석도 윤석열 대통령에게
위로의 전문을 보냈다
리시 수낵 영국 총리
올라프 숄츠 독일 총리
에마뉘엘 마크롱 프랑스 대통령 등도
애도를 표했고 블라디미르 푸틴 러시아
대통령은 윤 대통령에게 조전을 보냈다

울릉도에 공습경보

북한이 11월 2일 단거리탄도미사일 등
25발 가량의 미사일과 100여 발의 포를
11곳에서 10시간 10분에 걸쳐
서해로 무더기로 발사했다
특히 탄도미사일 중 1발은 동해 NLL을 넘어
경북 울릉도 방향으로 향했다
북한이 NLL 이남으로 미사일을 날린 건
휴전 이후 처음으로 울릉도에는
처음으로 공습경보까지 발령됐다
우리 군은 NLL 이북 공해상으로 공대지
미사일을 쏘며 대응에 나섰다
윤 대통령은 "북한 도발은 실질적
영토침해 행위"라며 강도 높게 비판했다
남북이 '강 대 강' 대치로 맞선 가운데
북한이 7차 핵실험에 나설 가능성까지
커지면서 한반도 긴장 수위가 최고조로 치닫고 있다

세월호급 파장

이태원 핼러윈 참사와 관련해
더불어민주당의 과녁이 윤석열 대통령으로
향하고 있다 8년 전 세월호 참사가
박근혜 대통령에게 타격을 입혔듯
이번 참사를 계기로 윤 대통령을
정조준하겠다는 전략이다
특히 참사 당일 112신고 녹취록과
참사 후 경찰의 '여론동향 파악 문건'이
언론에 공개되면서 민주당에선
"세월호 참사에 비견될 만큼 파장이 커지고 있어
이슈가 최소 2년은 갈 것"이란 말도 나왔다
정청래 최고위원은 "이태원 참사의 책임자는
윤 대통령"이라고 못 박으며
이상민 행안부장관과
윤희근 경찰청장의 파면을 요구했다
윤 대통령은 4일 연속 합동분향소를 찾아 헌화했다

김정은 정권 종말

북한이 한국과 미국의 연합공중훈련
'비질런트 스톰' 연장에 반발해 11월 4일
군용기를 대거 띄워 무력시위를 벌였다
2일부터 단거리탄도미사일 · 포격 · ICBM을
동원해 시작한 도발을 사흘째 이어갔다
합동참모본부는 4일 오전 11시부터
4시간 동안 북한 군용기 180여 대의
비행 항적을 식별해 조치했다
북한의 이번 도발은 3일 미국 국방부
청사에서 열린 제54차 한 · 미안보협의회
(SCM)에서 발표한 공동성명과
비질런트 수톰 기간 연장에 대한 반발이라는 해석이다
한 · 미국방장관은 성명에서
"만약 북한이 핵을 사용한다면
동맹의 압도적이고 결정적인 대응으로
김정은 정권이 종말을 맞게 될 것"이라고 밝혔다
한 · 미가 SCM 성명에 '김정은 정권의 종말'을
명시한 것은 이번이 처음이다

이태원참사 끝자락?

윤석열 대통령 “유가족과 국민께 죄송한
마음” 재차 사과했지만
아직 진정될 기미가 보이지 않고 있는 가운데
“정부 책임론” 총공세에 나선 야당…
한동훈 법무부 장관은 예결위에서
“김어준 씨나 황운하 의원과 같은 직업적인
음모론자들이 국민적 비극을 이용해
정치 장사를 하는 건 잘못됐다”고 말했다
이에 우원식 예결위원장이
“국회의원 발언에
직업적 음모론자라는 건 잘못된 얘기”라며
“사과할 의향이 있나”라고 물었지만
한 장관은 “음모 받은 당사자로서
할 수 있는 얘기”라고 답했다

아세안 · G20가는 윤대통령

윤석열 대통령이 '이태원 핼러윈 참사'의
정부 책임론 속에 11월 10일
취임 6개월을 맞았다
국내외에서 안보와 경제가 뒤엉킨 복합적
위기 상황에 맞서며 고군분투해온 사이
반년이 훌쩍 지났다
대통령실 용산 이전을 시작으로
탈원전 복구 한미동맹 강화 등 의미 있는
조치도 있었지만 당면 개혁과제에서는
아쉬운 대목이 적지 않다
수위를 무모하게 높여온 북한의 도발 인플레이션과
경기침체가 동시에 악화돼온
안팎의 경제난 대응으로도 힘에 부대꼈을 기간이다
거대 야당의 발목잡기가 과도한 데다
여당마저 정부에 제대로 힘을 실어주지
못했던 것 또한 주지의 사실이다
가뜩이나 여의도 정치경험이 없는 대통령이
역대 어느 정부보다 어려운 여건에서
황금 같은 초반시기를 보낸 셈이다
윤석열 대통령이 11월 11일부터 16일까지
김건희 여사와 4박 6일 동안

동남아시아 순방에 나선다
아세안(ASEAN-동남아국가연합) 관련
정상회의와 주요 20개국(G20) 정상회의 등
참석을 위해 캄보디아 프놈펜과
인도네시아 발리를 차례로 방문한다
취임 후 첫 동남아 방문인 이번 순방기간
한·미 한·일 한·미·일 정상회담이 이뤄질 수 있고
시진핑 중국 국가주석과 만날 가능성도 열어두고 있다
이번 순방 외교가 대한민국의 국익을
최우선으로 삼고 그 위상에 걸 맞는 역할을 찾아
국격을 높이는 기회가 되길 바란다

위기탈출 바이든

11월 8일 실시된 미국 중간선거
최종결과가 나오기도 전에 워싱턴 정가의 관심은
2년 뒤 대선으로 향하고 있다
바이든 대통령은 예상보다 선전하면서
조기 레임덕 위기에서 벗어났다는 평가다
반면 기대 이하의 성적을 거둔 공화당은
트럼프 전 대통령 책임론이 분출되기 시작했다
바이든 대통령은 백악관에서 기자회견을 열고
"레드 웨이브(공화당 바람)는 일어나지 않았다"면서
"민주주의를 위해 미국을 위해
좋은 날이었다"고 말했다

한미일 정상회담

윤석열 대통령과 조 바이든 미국 대통령
기시다 후미오 일본총리는 11월 13일
캄보디아 프놈펜의 한 호텔에서
윤 대통령 취임 후 두 번째 한미일 정상회담을 했다
대북 확장억제 강화를 비롯한 광범위한 범위의
3국협력을 천명한 '인도 · 태평양 한 · 미 · 일 3국
파트너십에 대한 프놈펜' 성명을 채택했다
3국정상이 포괄적인 성격의 공동성명을
채택한 것은 이번이 처음으로 "한반도의 완전한
비핵화를 위한 공약을 재확인한다
북한이 핵실험을 감행할 경우
국제사회의 강력하고 단호한 대응에
직면하게 될 것"이라고 강조했다
또 윤 대통령은 바이든 미국 대통령과
이날 양자 회담을 하고 현안인 미국의
인플레이션 감축법(IRA) 등을 논의했다
기시다 총리와도 별도 회담에서 일제강점기
강제징용 배상 문제 등 현안을 협의했다

바이든 · 시진핑 회담

조 바이든 미국 대통령과
시진핑 중국 국가주석이
11월 14일 G20 정상회담이 열리는
인도네시아 발리에서 양자회담으로 만나
모두 발언에서 협력과 공존을 촉구했다
백악관은 회담이 끝난 뒤 성명을 내고
"두 정상은 다양한 이슈에 걸쳐 솔직한
대화를 나눴다"고 평가하면서
"바이든 대통령이 북한의 도발적 행위에
우려를 표명하고 국제사회의 모든 멤버들이
북한이 책임 있게 행동하도록 하는 데
관심을 가져야 한다는 점을 분명히 했고
인도 · 태평양 동맹국들을 방어하려는
미국의 확고한 의지를 강조했다"고 밝혔다
그리고 "바이든 대통령과 시진핑 주석은
핵전쟁이 결코 일어나서는 안 되고
핵으로 전쟁에서 이길 수 없으며
우크라에서 핵무기 사용이나
사용 위협에 반대한다고 강조했다"고 설명했다

한중 정상회담

주요 20국(G20) 정상회의 참석차
인도네시아를 방문 중인
윤석열 대통령과 시진핑(習近平) 중국 국가주석은
발리에서 취임 후 처음으로 회담하고
북한 핵·미사일 위협을 주요 의제로 논의했다
윤 대통령은 "유엔 안전보장이사회 상임
이사국이자 인접국으로서 중국이 더욱
적극적·건설적 역할을 해주기를 기대한다"고
당부했다고 대통령실이 전했다
시 주석은 윤 대통령이 내놓은 '담대한 구상'을
언급하며 "북한의 의향이 관건"이라며
"북한이 호응해 온다면
담대한 구상이 잘 이행되도록 적극 지지하고
협력할 것"이라고 답했다
양국의 정상은 이날 한중 FTA 2단계 협상을
조속히 마무리하자는 데도 의견을 같이 했다

빈곤 포르노 장경태

국민의힘 여성 의원들이
윤석열 대통령 부인 김건희 여사의
해외 순방 일정에 대해 "빈곤 포르노"라고 한
더불어민주당 장경태 최고위원
의원직 사퇴를 요구했다
여성 의원 일동은 11월 16일 성명에서
"민주당 의원들이 내뱉은 상식 이하의
여성 비하 발언은 김건희 여사에 대한
인격살인일 뿐아니라 대한민국의 국격살인"이라며
"여성 혐오와 아동 비하로 휴머니즘 파괴에
이른 저주와 타락의 장경태는 즉시
국회의원직을 사퇴하라"고 촉구했다
앞서 14일 김건희 여사가 동남아시아
순방 중 심장질환을 앓고 있는
캄보디아 소년을 안고 있는 사진에 대해
"빈곤 포르노 화보 촬영"이라고 해 논란을 일으켰다
국민의힘은 장 최고위원에 대한 징계안을
국회윤리특별위원회에 제소했다

제2중동붐 시동

2022년 11월 17일 주요 대기업이
사우디아라비아 정부 및 기업과 26개 사업에
대한 투자 · 개방업무계약(MOU)을 맺었다
사업규모가 40조 원을 넘는다
사우디가 야심차게 추진 중인 신도시
네옴시티 조성뿐 아니라 신재생에너지 ·
바이오 · 게임 · 스마트팜 등 신산업 분야에서
적극 협력하기로 했다
사우디는 이와 별개로 원자력발전 · 방위산업
등에서도 한국과의 획기적인 협력을
희망하고 있어 경기 둔화의 골이 깊어지는
가운데 1970년 한국 경제의 도약을 이끈
중동 붐이 재현될 수 있다는 기대가 높아지고 있다

윤석열 대통령은 사우디 실권자인
마함마드 빈 살만 왕세자(37)와
서울 한남동 관저에서 양자회담을 하고
이런 내용의 경제 협력 방안 등을 논의했다
윤 대통령 부부가 열흘 전 입주한 대통령
관저에 첫 공식 손님으로 빈 살만 왕세자를 초청했다
회담이 한남동 관저에서 열린 배경에는

사우디 측의 보안 요구도 있었던 것으로 알려졌다
윤석열 대통령과 오찬회담을 마친
살만 왕세자는 숙소인 소공동 롯데호텔로 돌아가
재계 총수들과 회동했다
이재용 삼성전자 회장 · 최태원 SK그룹 회장
정의선 현대차그룹 회장 · 김동관 한화 부회장
정기선 HD현대 사장 · 이재현 CJ그룹 회장
박성원 두산그룹 회장 · 이해욱 DL그룹 회장 등
국내 대표 기업인들과 차담회를 가졌다
이 자리에서 참석자들은 각 기업의
사우디 사업현황과 초대형 신도시 사업
'네옴시티' 등의 협력 방안 등을 공유했다

살만 왕세자가 투숙한 방은 롯데호텔
서울의 최상위 객실인 이그제큐티브타워
32층 로열스위트룸으로 140평 규모에
하루 숙박료가 2200만 원에 달한다
침실 2개와 응접실 · 파우더룸 · 드레스룸은
물론이고 화상회의가 가능한 회의실
홈바 · 건식 사우나까지 갖췄다
수행원들은 메인타워(본관)와
이그제티부 타워(신관)로 분산해 투숙했다
왕세자 일행은 선발대까지 고려해 방한
전후로 2주간 객실 400여 개를

통째로 빌린 것으로 전해졌다

2800조 원 재산가 살만 왕세자가 주도해서
조성하는 초대형 신도시 '네옴시티'에
관심이 쏠리고 있다
네옴시티 프로젝트는 석유에 의존하던
사우디 경제를 첨단 제조업 중심으로 전환하는
'사우디 비전 2030'의 핵심이다
사우디 북서부 홍해 인근 서울 면적의
44배 규모 땅에 미래도시를 짓는 사업으로
총사업비 5000억 달러(669조 원) 규모다

이재명 리더십 위기

최측근의 잇따른 구속 사태로
이재명 더불어민주당 대표가
대표 취임 3개월 만에 '리더십 위기'를 맞았다
이재명 대표의 최측근인 정진상 대표실
정무조정실장이 11월 19일 구속되자
친명계 야권 의원 7명이 윤석열 대통령
퇴진을 요구하는 촛불 집회 연단에 올랐다
이에 여권이 발끈하는 건 물론
민주당 내에서도 "사법리스크에 당 전체가
매몰되면 안 된다"는 반발이 나온다
비명계 한 중진의원은 "당 대표 출마
당시부터 충분히 예상할 수 있었던 리스크"
"이 대표는 당을 방패막이로 삼았다는
비판을 받을 수밖에 없다
억눌렸던 불만이 정 실장 구속을 계기로
공론화될 것"으로 내다봤다

김정은 딸과 함께

북한이 김정은 국무위원장의 자녀를
처음으로 전격 공개했다
2013년생 둘째 딸 김주애라는 추정이다
조선중앙통신은 11월 19일 김정은이
전날 대륙간탄도미사일(ICBM) 발사를
지휘했다고 보도하면서 딸의 손을 잡고
발사 현장을 찾은 김정은의 모습을 공개했다
통신은 "공화국 핵무력 강화에서 중대한
이정표가 되는 역사적인 중요 전략무기
시험발사장에 사랑하는 자제분과 여사와
함께 몸소 나오셨다"고 언급했다
이례적인 자녀 공개로
김정은이 미사일 발사 성공에 대한
자신감을 보여줬다는 게 전문가들의 해석이다

중단된 도어스테핑

'용산 시대의 상징'으로 불렸던
윤석열 대통령의 도어스테핑은
취임 다음날인 5월 11일부터 11월 18일까지
총 61차례 진행됐다
하지만 MBC의 윤 대통령 '비속어 논란'
보도와 대통령실의 MBC 취재진에 대한
전용기 탑승 배제 조치에 이어
대통령실이 주장하는 18일 도어스테핑 현장에서의
'불미스러운 사태'를 계기로 이날 무기한 중단됐다
윤 대통령은 참모들에게
"MBC는 기본적으로 정파적인 보도를 하고 있다"며
"본연의 언론 활동이 아닌 정파적인 활동을 하고 있다"고
언급한 것으로 알려졌다

과거 덕 보는 한국

37세 사우디 왕세자가 한국을 찾아와
윤석열 대통령에게 "사우디 비전 2030의 실현을 위해
한국과 협력 강화해 나가길 희망한다"고 했다
사우디는 세계 최대 석유 수출국이다
1985년에 출생한 빈 살만 왕세자는
"수교 이래 한국 기업들이 사우디의 국가
인프라 발전에 크게 기여했다"고 말해
1970-1980년대 중동에서 땀을 흘린
'한강의 기적' 세대에 대한 기억을 소환한 것이다
한국은 과거 덕분에 먹고 살고 있으면서
과거를 부정하는 배은망덕한 국민으로
비춰지고 있는 이때 윤석열 대통령은
11월 22일 "5 · 16은 쿠데타이며 역사를
크게 후퇴시켰다"고 한 김영삼 대통령
7주기 국립현충원 추모식에 참석 방명록에
'지금은 모두 거산(巨山)의 큰 정치
바른 정치를 되새겨야 할 때입니다'라고 적었다

남쪽 천치바보들

11월 24일 김정은 북한 국무위원장의
여동생 김여정 명의의 담화에서
윤석열 정부를 '천치바보' 같은
상스러운 막말로 조롱하며
"국민들은 정권을 왜 그대로
보고만 있는지 모를 일"이라고 하면서
"문재인이 앉아 해먹을 때에는
적어도 서울이 우리의 과녁은 아니었다"고 했다
통일부는 "개탄스럽다 불순 기도를 강력
규탄한다"고 밝히는데 그쳤다
이날 카타르에서 열린 카타르월드컵 본선
H조 1차전에서 대한민국은 남미의 강호
우루과이와 전·후반 내내 치열한 기싸움을
펼친 끝에 0 : 0으로 비겼다
민주노총 공공운수노조 화물연대본부가
24일 0시부터 총파업에 돌입
철도노조·서울지하철 노조도 '준법투쟁'을
이태원참사 국정감사도 시작됐지만
사사건건 충돌하는 여야의 정치권…
온통 나라가 초겨울 한기(寒氣)로 가득하다

불법과 타협 안 해

윤석열 대통령은 11월 29일
민주노총공공운수노조 화물연대 총파업과
관련해 "노사 법치주의를 확고하게 세울
것이며 불법과는 절대 타협하지 않을 것"이라고 말했다
정부는 이날 국무회의에서 시멘트 분야
운송거부자에 대한 업무개시명령을 의결 후 발동했다
2004년 화물운송종사자에 대한 업무개시
명령제도 도입 후 파업 노동자에게
업무개시명령을 발동한 것은 처음이다
명령을 송달받은 운송사업자 및 운송종사자는
명령서를 발부받은 다음날 24시까지
운송업무에 복귀해야한다
복귀하지 않을 경우
운행정지 · 자격정지 등 행정처분이 내려진다

제5장

전 정부 뒤집기 행보

한국의 대통령들

2022년 11월 30일자 동아일보
송평인 칼럼의 글이 눈에 확 들어온다
이승만 대통령은
유라시아 대륙이 공산주의로 다 붉게 물들어갈 때
대륙의 오른쪽 끝단에 자유와
민주주의를 위한 토대가 마련됐다
박정희 대통령은
세계 최빈국 중 하나에서 산업화에 성공
북한과의 체제 경쟁에서 이겼다
민주화 이후의 대통령들은 뭘 했던가?
민주화 이후의 대통령들은 다 실패했다
1993년 북한의 핵확산방지조약(NPT) 탈퇴는
김영삼 대통령 취임 한 달 만에 일어났다
북한이 그동안 숨어서 해오던
핵 개발을 노골적으로 하겠다는 선언이었다

그로부터 30년이 지난 지금
북한은 한국과 일본을 넘어
미국 본토에 가 닿을 수 있는
핵탄두와 그 운반체의 개발에 성공했다
김영삼 · 김대중 · 노무현 · 이명박 · 박근혜 · 문재인 등

6명의 대통령은 모두 북한의 위협 앞에서
국민의 생명을 보호할
헌법적 책무를 다 하는 데 실패했다
김영삼 대통령은 1994년 미국 빌 클린턴 행정부가
영변원자로에 대한 폭격을 계획했을 때 그
에 반대함으로써 북핵에 대한
가장 중요한 초기 대응에 실패했다
김대중 대통령은 햇볕 정책으로 소련
공산정권 붕괴 이후 경제적 곤궁에 처한
북한 세습정권을 살려냈다
그 과정에서 퍼준 돈은 북한이
핵 개발을 지속하는 데 쓰였다
지금 돌아보면 당치도 않는 노벨평화상을
그가 받은 대가로 국민이 얻게 된 것은
북한의 핵 위협이다
북한은 김대중 집권기를 통해 곤궁에서 벗어난 뒤
노무현 집권 후반기인
2006년에 제1차 핵실험을 강행했다
이명박 · 박근혜 대통령은 중국이 북한을 제어해
주리라는 헛된 기대에 매달려 9년 세월을 허비했다
김정은이 핵무기 포기 의사가 있다는 망상에
사로잡혀 동분서주한 문재인 대통령은 비단
북한이 보기에만 앙천대소(仰天大笑)하는
삶은 소대가리였을까

윤석열 대통령은 가장 중요한 임무가 무엇인지
기억하기 위해 집무실에 서울 지도를 걸어두고
집무실이 있는 용산구에 폭탄이 떨어졌을 때의
모습을 매일 상상해 볼 필요가 있다
용산구를 비롯해 인접 몇 개 구는
흔적도 없이 사라지고
서울 전체가 방사능 낙진의 피해를 입는다
대통령이라면 설마 쏘겠느냐는 폭탄 돌리기나
하지 말고 이 공포 자체를 끝내기 위해
부심(腐心)해야 한다고 했다

장쩌민 사망

중국이 세계 양대 강국(G2)으로 성장하는 기반을 닦은
인물로 평가되는 장쩌민(江澤民) 전 국가주석이
11월 30일 96세를 일기로 타계했다
장쩌민은 1949년 신중국 성립 후
마오쩌둥(毛澤東) · 덩샤오핑(鄧小平)의
뒤를 이은 제3세대 지도자다
1989년 톈안먼(天安門) 사태 후
1993년 덩사오핑에 의해 전격 발탁돼
2002년 후진타오(胡錦濤)에게 공산당 총서기직을
물려줄 때까지 10년간 중국을 이끌었다
전임자들과 같은 카리스마는 없지만
중국이 세계의 강국으로 부상하는 발판을
만든 인물로 평가 받는다
한국과는 인연이 많다
1995년 한국을 찾은 중국의 첫 번째
지도자로 노태우 대통령 재임 기간인
1992년 8월 한 · 중수교가 이뤄진 후
전임 지도자인 양상쿤 전 국가주석과 한국을 방문했다
1997년 홍콩반환과
1999년 마카오 반환도 그의 임기 내에 이뤄졌다
2008년 베이징올림픽도 유치하여

중국의 폐쇄적인 국가 이미지를 희석시키는 데 기여했다
외교부는 "장쩌민 전 주석이
1992년 한 · 중수교 등
한 · 중 관계 발전에 공헌한 것을 높이 평가한다
그의 영면을 기원하며
유가족에게도 애도의 뜻을 전한다"고 밝혔다

윤대통령 장쩌민 조문

윤석열 대통령 12월 2일 서울 명동
주한중국 대사관에 마련된 장쩌민
전 중국 국가주석의 분향소를 찾아 조문했다
윤 대통령은 헌화와 묵념을 한 뒤
싱하이밍 주한중국대사에게
“작년에 노태우 전 대통령
그리고 올해 장쩌민 전 주석까지 한중 두 나라 간
다리를 놓은 분들이 세상을 떠났다”고 말했다
대사에겐 “이제 후대가 잘 이어서
발전시켜 나가자”고 말했다
싱 대사는 “한중관계를 보다 발전시키도록
많이 도와달라고”고 화답했다
윤 대통령은 전날 시진핑 주석에게 조전을 보냈다

고립되는 민노총

전국철도노동조합이 노사 협상 타결로
2일로 예고했던 파업을 철회했다
서울과 대구의 지하철노조에 이어
철도노조까지 파업을 철회하면서
2022년 12월 대규모 대정부 투쟁을 예고했던
민노총의 '동투(冬鬪) 로드랩'이 흔들리고 있다
민노총에 오히려 고립에 처한 양상이라는
분석도 나온다
민노총은 12월 3일 노동자대회와
6일 전국 동시다발 총파업을 예고했지만
예고만큼 거세지 않을 것으로 전망 된다
상급단체 정치파업 안 따른다…
민조총 투쟁서 줄줄이 이탈
국민-경제 피해에 파업 명분 잃어
화물연대 불법조사 등 압박 효과도…
"노사 문화 정치투쟁 고리 끊을 때" 됐다

시한 넘긴 예산안

국회가 2022년 12월 2일 본회의를 열지 못해
2023년도 예산 시한을 넘겼다
"윤석열표 예산이네"
"이재명표 예산이네"하며 대치하고 있는 데 다가
이상민 행정안전부 장관
해임 건의안까지 겹친 탓이다
김진표 국회의장이 정기국회 마지막 날인
9일까지는 예산안을 처리하겠다며
8 · 9일 본회의를 예고했지만
합의를 장담할 수 없는 상황으로
예산안 파행은 우리 국회의 고질적 병폐로 상존한다

서해피살 서훈 구속

서훈 전 청와대 국가안보실장이
'서해 공무원 피살 은폐 · 월북조작' 의혹으로
12월 3일 구속되면서
신구 권력 갈등이 증폭되고 있다
문재인 전 대통령은 4일 "최고의 대북
협상가이자 오랜 연륜과 경험을 갖춘
신뢰의 자산을 꺾어버리다니 안타깝다"고 했고
이낙연 전 국무총리도
"문 정부의 한반도 평화프로세스를 지우는
현 정부의 난폭한 처사"라며 반발했고
이에 박정하 국민의힘 수석대변인은
"문 전 대통령의 과민 반응은
어떻게든 자신의 책임을 피하고
싶어서로 해석된다
도는 넘지 말아 달라"고 반박했다
'문 청와대 투톱-노영민 · 서훈' 출국금지
다음 타깃은 박지원 전 국정원장…

카타르 월드컵의 기적

2022년 12월 3일 기적이 만들어졌다
한국 축구대표팀이 2022년 카타르 월드컵
조별리그 3차전에서 포르투갈에 2-1로
극적인 역전승을 거두고 16강에 진출했다
손흥민 · 황희찬 · 김민재 등 주전 선수들의
잇단 부상과 가나전에서 퇴장 당한
벤투 감독의 부재 등 악조건 속에서 이뤄낸
성과여서 감동은 더욱 크다
포르투갈 전에서 비기거나 질 경우 탈락하는
한국이 선제골을 내줬을 때만 해도
16강을 멀어지는 듯했다
그러나 이강인의 코너킥을 김영권이 밀어
넣으면서 승부는 원점으로 돌아갔다
안와골절로 마스크를 쓰고 출전한 손흥민은
후반전 추가시간이 시작되면서 수비 진영에서
공을 잡아 상대 진영으로 전력 질주했다
뒤따라 달려온 황희찬은 손흥민의 패스를
받아 침착하게 역전골로 연결했다
한국은 가나를 2-0으로 누른 우루과이와
1승 1무 1패가 됐지만 다득점에서 앞섰다

파업은 북핵위협과 같다

윤석열 대통령은 민주노총 공공운수노조
화물연대본부(화물연대) 총파업에
"북핵 위협과 마찬가지"라며
법 · 원칙에 따른 대응을 강조한 것으로 전해졌다
북핵과 노동파업을 동일선상에 놓고
초강경 대응기조를 재확인했다
여당은 민주노총을 겨냥해
"조선노동당 2중대" "제2의 이석기 사태"라고 하며
이념 · 정체성 문제로의 전환을 시도했다
윤석열 대통령은 문재인 정부 대북정책을
'유화적' '정치쇼'라는 취지로 비판했다
화물연대 총파업에도 법 · 원칙을 앞세운
강경 대응을 이어가겠다는 뜻을 보인 것이다
그간 화물연 총파업에 대해 밝혀온
'노사법치주의' '타협 불가' 방침의
연장선으로 풀이된다
민주당은 "적대적 노동관에 기반한 공안통치를
강력한 리더십으로 착각하는가"라고 비판했다

힘 빠진 민주노총 투쟁

"우리가 멈추면 세상이 멈춘다
물류를 멈춰 세상을 바꾸자"
전국민주노동조합총연맹 공공운수노조
화물연대가본부의 집단운송 거부사태가
13일째 계속된 가운데 전국 주요 거점
15곳에 집결해 총파업에 나섰다
하루짜리 총파업이다
민주노총은 "정부 주장과 달리 화물연대 조합원은
단 한 명도 업무에 복귀하지않았다"며
"투쟁 강도를 높여 14일 또다시
총파업 결의대회를 열 것"이라 했다
그러나 파업을 예고했던 현대중공업그룹
조선 3사와 대우조선해양이 파업 불참을
선언하는 등 핵심노조의 대열 이탈이 속출하고 있다
철강 · 석유화학 · 정유 · 시멘트 자동차 등
5개 업종 파업 피해 규모는
3조 5천억 원에 이르는 것으로 나타났다

월드컵 브라질에 패배

축구 국가대표팀이 2022년 12월 6일
브라질과의 16강전에서 1-4 패배하면서
카타르 월드컵 일정을 마쳤다
태극전사들은 세계 최강 브라질의 벽을
넘지 못해 사상 두 번째이자 방문 월드컵
첫 8강 진출에 실패했다
하지만 한국 축구는 이번 대회 브라질과의
4경기에서 골을 터뜨린 백승호를 포함해
이번 대회에서 나온 5골 가운데 4골이
20대 초중반 영건들이 만들어낸 작품이다
브라질전 '캐넌포'의 백승호(25)
가나전 '멀티골'의 조규성(24)
포르투갈전 '역전 드라마 골'의 황희찬(26)
21세의 이강인 26세의 김민재 등 모두
4년 뒤 한국 축구의 주축을 이룰 자원들이다
대표팀 주장 손흥민(30)은 월드컵 세 번째
도전 만에 16강 진출이라는 성과를 얻었고
드라마 같은 역전승을 거둔
조별 리그 3차전 포르투갈과의 경기에서
결승골에 도움을 기록했다

대통령의 힘 받는 원칙론

윤 대통령은 화물연대 집단 운송거부사태
직후부터 "불법을 통해 얻을 수 있는 것은 없다"
"불법 쟁의엔 끝까지 법적 책임을 묻겠다" 등
줄곧 엄정대응 기조를 지켜왔다
이런 일관된 대응은 윤 대통령 지지율에도
긍정적인 영향을 주고 있다
대통령실 관계자는 "윤석열의 원칙주의가
다시 여론의 지지를 받는 것"이라고 분석했다
뉴시스가 공개한 여론조사 결과
윤석열 대통령의 국정수행에 대한 긍정평가는
39.5%로 40%대에 접근했다
긍정평가 이유로는 결단 · 추진력 33.9%
공정 · 정의 33.7%란 응답이 가장 많았으며
화물연대 파업 이후 상승세가 뚜렷하다

친윤모임 국민공감

12월 7일 여의도 국회 의원회관에서 열린
국민의힘 공부 모임 '국민공감' 출범식을 지켜본
여권 인사들은 "의원총회를 보는 것 같다"라는
반응을 내놨다
국민공감의 출범식에 71명의 의원이 참석했기 때문이다
국민의힘 전체의원 115명의 60%가 넘는
규모로 대대적인 세 과시 속에
김형석 연세대 명예교수의 강연으로 문을
연 국민공감은 앞으로 윤 정부의 성공을
위해 움직이겠다는 뜻을 분명히 했다
국민공감에 여당 초선 의원 63명 중 44명이 참석했다

화물연대 파업 철회

화물연대가 집단운송거부 16일 만에
현장 복귀를 결정했다
장기파업에서 얻은 건 하나도 없어 사실상
'백기 투항'이란 지적이 나온다
화물연대는 12월 9일 운송거부 철회에 대한
조합원 찬반투표를 실시한 결과
찬성이 62%로 11월 24일부터 시작해
16일간 이어졌던 운송거부는 끝나게 됐다
파업은 시멘트 · 철강 · 석유화학 · 건설 업종에서
4조 1천억 원의 피해를 남겼다
정부 끝까지 책임 묻겠다
'빈손 복귀' 민노총 타격 내부분열에
동투(冬鬪) 동력상실…
윤석열 대통령의 지지율 3주 연속 올라
'화물연대 엄정 대응'에 긍정평가…

건설회사의 위기

시공능력 평가 100위 이내 건설사 90곳 가량이
내년 사업계획을 마련하지 못한 것으로 나타났다
신규 수주는 엄두도 못내고 적자 누적에
따른 생존을 걱정하는 처지에 놓였다
급등한 공사단가
프로젝트파이낸싱(PF) 자금난
미분양 급증 등 '3중고'에 처한 건설업계가
혹독한 생존게임에 내몰리고 있다는
관측이 나오고 있다
한국경제신문이 시공능력평가 100위 내
건설사를 대상으로 내년도 사업계획 수립
여부를 조사한 결과 우미건설 · 반도건설 등
10곳 정도만 계획을 세웠으며
10위 내 대형건설사 가운데 사업계획을
확정한 곳은 한 곳도 없다

무소불위 182석

182석의 거야(巨野)가 12월 11일 일요일 아침
다시 완력을 행사했다
이상민 행정안전부 장관 해임건의안을
찬성 182명 무효 1명으로 가결했다
11월 23일 '이태원 참사 진상규명과
재발 방지를 위한 국정조사'에 합의한 지
18일 뒤 핵심증인의 해임부터 밀어붙인 것
여당 국조위 위원 전원이 반발해 사퇴하면서
진상조사가 파행으로 치닫게 됐다
거야의 독주가 거듭되면서 이재명 민주당
대표가 이끄는 야권이 더 나아가
윤석열 정부 첫 예산안마저 5조 원 감액
수정안으로 단독 처리할 수 있다는 우려마저 나온다
예산안 야당 단독 처리는 헌정사엔 없었던 일이다

반(反)문재인 정책

윤석열 대통령이 2022년 12월 13일
“건강보험 개혁은 선택이 아닌 필수”라며
지난 정부의 건보 보장성 강화정책
이른바 ‘문재인 케어’에 칼을 빼들었다
윤 대통령은 화물연대의 집단운송 거부
사태에 대응하며 노동개혁의 신호탄을
쏘아올린 데 이어 문재인 케어 폐기를
공식화하며 개혁 드라이브를 걸고 있다
이에 더불어민주당은 반발했다
김성환 정책위의장은
“국민의 건강권조차 각자도생으로 해결하려고 하는
무책임한 조치를 즉각 중단하라”고 말했다

나라 구하다 죽었냐

‘이태원 핼러윈 참사’ 유가족들을 향해
“나라 구하다 죽었냐”
“자식 팔아 장사한단 소리 나온다”
“우려먹기 장인들” 등
막말을 한 김미나 국민의힘 창원시의원이
12월 13일 국민의힘 경남도당 윤리위에 회부됐다
김미나 시의원은 12일 SNS에
“꽃같이 젊디젊은 나이에 하늘로 간 영혼들을
두 번 죽이는 유족들”이라며 이런 글을 남겼다
세월호 참사에 대해서도
“세월호에 재미 들려서 이태원에 써먹으니
국민들은 식상”이라고 했다
11일에는 “민주당 것들은 노란 리본 8-9년
우려먹고 이제 깜장리본 달고 얼마나 우려먹을까”
“시체팔이 족속들”이라고 한 것으로 전해졌다

탈원전 폐기

윤석열 대통령이 12월 14일
"탈원전으로 움추렸던 우리 원전산업이
활력을 띠고 다시 도약할 것"이라며
올해를 원전 재도약 원년으로 규정했다
문재인 정부의 '탈원전 정책'을
"무분별"하다고 비판하고
탈원전 정책 백지화를 거듭 확인했다
전날 건강보험 · 노동시장 개편을
개혁 화두로 내세운 데 이어
전임 정부뒤집기 행보가
전방위로 속도를 내고 있다
윤 대통령은 경북 울진 신한울원자력발전
1호기 준공 기념행사 축사를 통해
"신한울 1호기 준공은 끝이 아니라
새로운 시작"이라며 이같이 밝혔다

김만배 자해 시도

'대장동개발 비리의혹'의 핵심 인물인
화천대유자산관리 대주주 김만배가
극단적 선택을 시도했다
측근 두 사람이 체포되자
큰 정신적 충격을 받아
12월 14일 극단적 선택을 시도했다
목 · 가슴 · 폐 부위를 흉기로 자해했는데
생명에는 지장이 없는 상태로 구조됐다
서울중앙지방검찰청 반부패수사1부
(부장검사 엄희준)는 화천대유 공동대표
이한성 · 화천대유 이사 겸 전 쌍방울그룹
부회장 최우향의 구속영장을 청구했다

3대 개혁은 필수

윤석열 대통령은 2022년 12월 15일
"연금 · 노동 · 교육 등 3대 개혁은
우리나라의 지속 가능성을 위해
아주 필수적인 것이고
미래세대를 위한 것"이라며
"인기 없는 일이지만 회피하지 않고
반드시 우리가 해내야 한다"고 밝혔다
윤 대통령은 청와대 영빈관에서 생중계로
진행한 제1차 국정과제점검회의에서
"3개 개혁은 선택 아닌 필수"라고 이같이 말했다
윤 대통령은 특히
"노동문제 정쟁 땐 정치도 경제도 망한다"며
① 노동수요에 따른 유연성
② 노동시장에서의 공정성
③ 직장 내 안정성
④ 노사관계의 안정성 등
4가지를 개혁방향으로 제시했다

메시 카타르월드컵 우승

'축구의 신' 리오넬 메시(35 · 아르헨티나)와
'차세대 축구황제' 킬리안 음바페(24프랑스)가
함께 만들어낸 '걸작 결승전'을 끝으로
막을 내렸다 메시의 해피엔딩이었다
아르헨티나가 2022년 12월 19일
카타르 루사일에서 열린 프랑스와의 결승전에서
스릴러 같은 '6골 난타전'과
역사상 가장 잔인한 스포츠 규칙이라는
승부차기까지 거친 끝에 정상을 차지했다
1986년 멕시코 대회 이후 36년 만이자
통산 3번째 우승이다
양팀은 전후반을 2:2 연장전까지
3:3으로 마쳐 결판을 내지 못했고
승부차기에서 아르헨티나가 4-2로 이겼다
둘 간 '세기의 대결'이 될 것이란 예상처럼
메시는 2골
음바페는 3골(해트트릭)을 기록했다
결승전 해트트릭 음바페 8골 득점왕
'차세대 황제' 예약…

포스코의 아르헨티나 염호

축구의 신 메시의 나라 아르헨티나 수도
부에노스아이레스에서 비행기로 2시간
거리에 있는 살타주(州) 주도인 살타시에서
370km 떨어진 해발 4000m 고지대에는
'옴브레 무에르토'라는 염호(鹽湖)가 있다
스페인어로 '죽은 남자'를 뜻하는 이 염호는
풀 한 포기 자라지 않는 불모의 땅이었다
지금은 세계 각국이 주목하는 '축복의 땅'으로 탈바꿈했다
포스코 그룹이 2018년 이 염호를 인수한 이후
전기차 베터리 핵심 소재이자
'하얀 석유'로 불리는 리튬을 생산하고 있기 때문이다
이 염호에서 포스코그룹이 구입한 광권면적은
25,500헥타르(ha)로 여의도 행정구역 면적
840ha의 30배에 달한다
"지하 600m 깊이의 관정을 뚫은 뒤
땅속에 고여있는 염수를 뽑아 올린 뒤
증발 과정을 거쳐 리튬을 추출하고 있다"고 한다
이곳에 매장된 리튬은 1,350만t으로 추정된다
양극재에 들어가는 수산화리튬을
연 10만t씩 30년 이상 생산할 수 있는 양이다
포스코그룹은 2025년까지 아르헨티나 염호리튬

사업에 19억2천만 달러(2조5천억 원)를
투자할 예정이다
리튬을 얼마나 확보하느냐가 배터리 전쟁에서
승기를 잡을 수 있는 핵심 경쟁력이다
리튬 가격은 12월 19일 기준 kg당
약 97,000원으로 1년 전 대비 3배로 급등했다
1970년대 유비통신(類比通信)이
유행할 때의 이야기 한 토막…
박정희 대통령이 이민(移民)을 위해
남미에 많은 땅을 사두었다고 했는데…

미국에 간 젤렌스키

전쟁 중 미국을 전격 방문한
볼로디미르 젤렌스키 우크라이나 대통령이
12월 21일 "조 바이든 미국 대통령과
10개 조건을 담은 평화 구상을 논의했다"고 밝혔다
젤렌스키 대통령은 조 바이든 대통령과
백악관에서 정상회담 후 의회 연설에서
"우리는 평화를 요구한다 이를 위해 평화
정상회담 개최와 공동 안보 보장을 요구한다"고 말했다
그는 "바이든 대통령이 우리의 평화 제안을
지지했다는 것을 알릴 수 있어 기쁘다"고 했다
젤렌스키 대통령은 러시아군 철수 및
종전 · 영토 회복 등을 포함한
10개 조건 평화구상과 관련해
G7 정상이 참여하는 글로벌 평화구상 정상회의를 통한
조건 이행 보장 방안을 요구하고 있다
지난 2월 24일 러시아의 우크라이나 침공 후
300일 만에 처음으로 조국을 떠나 미국을 극비 방문했다

중국 코로나 쓰나미

급작스레 방역해제로 전환한 중국이
'코로나 쓰나미'에 휩싸였다
세계가 코로나19에서 벗어나는데 뒤늦게
3년 전 팬데믹 초기로 돌아간 양상이다
도처에 감염자가 속출하고 시민들은
두려움에 집으로 은신했다
약도 백신도 부족한 가운데 모두가
'각자도생' 상황에 직면했다
중국이 자랑했던 제로 코로나는
'14억 코로나'가 될 수 있다는
악몽같은 현실을 맞고 있다
'하루 3,699만 명 감염' 문건 SNS 유출
당국 발표 3,030명과 달리 심각…
병원 북새통 화장장엔 유족 장사진…
"주변 사람 모두 걸려 난리도 아니다"
중국은 이제 방역도 경제도 놓쳤다는
최악의 평가에 직면했다

이재명 소환에 응하라

검찰 소환을 통보받은 이재명 민주당 대표가
소환에 응해야 한다는
당내 목소리가 커지고 있다
이재명 대표와 지도부는 검찰 수사가
야당을 향한 '정치 보복'이라며 반발하고 있지만
자칫 '방탄 프레임'에 휩쓸리면
당 전체가 타격을 받을 것이라는 우려도 나온다
이재명 대표가 수사를 받아야 한다는
목소리는 민주당 안에서 계파를 막론하고 확산되고 있다

2023년 정부예산 통과

2022년 12월 24일 새벽
2023년 예산안(638조7천억 원)과
예산 부속법안을 처리하는 과정에서
국회의 고질적인 구태들이 고스란히 재연됐다
처리 시한인 12월 2일을 22일이나 넘긴 것은
물론 막판 지역구 '쪽지예산'이 대거 끼어 들었고
'깜깜이' 심사 관행도 되풀이 됐다
법안은 제대로 심의되지 않은 채
여야 거래대상이 돼 졸속처리 됐다
"이 우리질…!" 소리가 듣고 싶은가?

북한 무인기 침투

"북 무인기 서울침범 허찔린 방공망"
12월 26일 오전 10시 25분께
북한의 무인항공기 5대가 DMZ를 넘어
경기 파주·인천강화 일대로 침투했다
이 중 1대는 파주를 지나
서울 북부 상공까지 진입했다가 유유히 돌아갔다
우리 군은 즉각 전투기와 공격 헬기를 투입하고
헬기 기관포로 100여 발의 대응사격을 했지만
격추에 실패했다
군 대응과정에서 무인기 격추를 위해
이륙한 공군의 경공격기 KA-1 한 대가
추락하는 사고도 발생했다
오전 11시40분께 강원도 횡성의
한 밭에 KA-1 한 대가 떨어져
조종사 2명이 비상 탈출했다
군의 요청에 따라 인천국제공항과
김포공항에서는 오후 1시부터 1시간 동안
항공기 이륙이 일시 중단되기도 했다

새해 특사 1373명

윤석열 대통령은 12월 27일
이명박 전 대통령과 김경수 전 경남지사 등에 대해
신년 특별사면을 단행
"국력을 하나로 모아나가는
계기가 되기 바란다"고 밝혔다
한동훈 법무부장관은 브리핑을 통해
"(윤석열 정부)출범 두 번째 해를 맞아
폭넓은 국민통합의 관점에서 28일자로
정치인 · 공직자 · 선거사범 · 특별배려 수형자 등
총 1373명에 대한 특별사면을 단행한다"고 발표했다
이번 사면에는 김성태 · 전병현 전 의원 등
여야 정치인 9명이 포함되었으며
박근혜 정부 당시 각종 의혹으로
투옥됐던 김기춘 · 우병우 · 조윤선 · 최경환 ·
남재준 · 이병기 · 이병호 등
주요공직자 66명과 선거사범 1,274명 등도
사면 및 복권됐다

백문불여일견

'百聞不如一見'은 "백 번 듣는 것이
한 번 보는 것만 못하다"라는 뜻이다
문재인 정부가 출범하고 우면산엘 올라갔을 때
처음 보는 등산객이 대뜸 한다는 소리가
'百文不如一犬'이라고 들어보셨습니까?
"백문이 개 한 마리만 못하다?"
문재인 대통령은 퇴임 후
김정은 북한 국방위원장으로부터 선물 받은
풍산개 두 마리를 동물원으로 보내
사실상 유기견(遺棄犬)을 만들었고
윤석열 대통령은 11번째로 입양한
탐지견(探知犬) 사진을 공개했다
지금 우리 사회는 저출산 고령화로 고민하고 있다
TV를 틀면 개와 해해거리는 장면을
심심치 않게 볼 수 있다
문 대통령은 무슨 뜻인지는 몰라도
"사람이 먼저다"라고 했다
이를 어떻게 설명해야 할지 난감하다

다누리 달궤도 안착

한국이 첫 달 궤도선 다누리가 예정된
달 궤도에 최종진입하는 데 성공했다
다누리는 2시간마다 한 바퀴씩 달을 돌며
2023년 2월부터 본격적인 관측에 나선다
이로써 한국은
세계 7번째 달 탐사 국가로 이름을 올리게 됐다
다누리는 2022년 8월 5일
미국 플로리다주 케이프커내버럴 우주군기지에서
'스페이스X' 로켓에 실려 발사된 뒤
145일 동안 우주를 비행하다가
12월 17일 달의 중력에 포획되는
1차 진입기동에 성공했다
달의 중력에 붙잡혀 달을 중심으로
뱅글뱅글 도는 인공위성이 된 것이다

북 도발엔 응징 · 보복

윤석열 대통령이 2022년 12월 28일
북한 무인기 영공 침범과 관련해
"북한의 어떤 도발에도 확실하게
응징 보복하라"면서 "북한에 핵이 있다고 해서
두려워하거나 주저해선 안 된다"고 말했다
대통령은 무인기 침범 당일인 12월
26일 북측에 2-3배 무인기를 보내고
북한 무인기를 격추하라는 지시를 내렸다고 밝혔다
29일 윤석열 대통령은 우리가 평화를
얻기 위해서는 압도적으로 우월한 전쟁
준비를 해야한다"고 강조했다
이에 대해 더불어민주당은
"확전 각오부터 원점 타격까지 강경
일변도 발언으로 윤 대통령이 오히려
국민 불안을 부추긴다"고 비판했다

고체연료 발사체 성공

국방부가 2022년 12월 30일
국내기술로 개발된 고체추진 우주발사체 시험 비행에
성공했다고 발표했다
올해 3월 말 첫 시험발사에 성공한 지 9개월 만이다
고체연료 발사체는 소형위성의
독자적 궤도 진입은 물론이고
ICBM과 같은 중장거리탄도 미사일 개발 등에
활용될 수 있다
군이 이날 고체추진 발사체를 전격 시험 발사한 것은
북한이 이달 15일 ICBM용 신형 고체추진 로켓엔진
시험에 성공했다고 주장한 데 이어
무인기를 군사분계선을 넘어 서울 상공까지 침투시키는 등
도발을 계속하는 데 대한 상응조치로 풀이된다
이번 발사에는 윤석열 대통령의
강한 의지가 담겼다고 정부 소식통이 전했다

북 한국은 적

김정은 북한 국무위원장이 한국을
"의심할 바 없는 명백한 적"으로 규정하고
"전술핵무기 다량 생산이 중요해지고 필요해졌다
핵탄두 보유량을 기하급수 적으로 늘리라" 지시했다고
북한 조선중앙통신이 보도했다
국방부는 "북한이 핵사용을 기도하면
김정은 정권은 종말에 처하게 될 것임을
엄중히 경고한다"고 밝혔다

윤 대통령의 신년사

윤석열 대통령은 2023년 1월 1일 신년사에서
“대한민국의 미래와 미래세대의 운명이 달린
노동 · 교육 · 연금 개혁을 더 이상 미룰 수 없다”고 했다
“기득권 유지에 매몰된 나라는 미래가 없다”면서다
윤 대통령은 신년사에선 북한을 언급하지 않았지만
군 휘지관들과의 통화에선
“일전불사의 결기로 어떤 도발도
확실하게 응징해야한다”고…

북한 장마당 위기

북 식량난 “장마당 양곡판대 금지”
체제수호 위한 통제카드…
북한의 풀뿌리 시장경제 장마당이 위기다
3년간 코로나19에 따른 국경봉쇄로
시장 자체가 직격탄을 맞은 데다
2022년 말부터 북한 당국이 장마당에서
양곡 판매를 금지하고 나섰기 때문이다
1990년대 대규모 기근이 발생한
‘고난의 행군’ 당시 식량부족으로
배급이 끊기자 북한 주민들은
장마당에서 밀수입 식량을 사고팔며 자생했다
그렇게 몸집을 키워온 장마당은 심각한
식량난 속 또다시 위기 상황을 맞은 것이다
김정은 국무위원장이 둘째 딸 김주애와 함께
미사일 보관기지를 둘러보는 모습이 새해 첫날 공개됐다
핵무기 개발 최우선 정책이
후대 안전을 담보하기 위한 선택임을
주민들에게 지속적으로 선전하려는 의도로 풀이된다

신년 인사회

윤석열 대통령은 2023년 1월 2일
청와대 영빈관에서 5부요인 등
국가 주요인사 200여 명과
함께한 신년회에서 '기득권 타파'
'3대 개혁'을 재차 강조했다
"노동 · 교육 · 연금 3대 개혁은 어렵고 힘들지만
우리가 반드시 나아가야 하는 길이고
국민께서 우리에게 이를 명령하셨다"면서
"기득권의 저항에 쉽게 무너진다면
우리의 지속가능한 번영도 어렵게 된다"고 말했다
행사에는 김진표 국회의장 · 김명수 대법원장 ·
유남석 헌법재판소장 · 노태악 중앙선거관리
위원장 등 5부요인을 비롯해
입법 · 사법 · 행정부의 주요 인사들과
대통령실 참모진 등 200여 명이 참석했다

이재명 대표 등 더불어민주당 지도부는
지방 일정을 이유로 참석하지 않았다
민주당 지도부는 1박2일의 부산 · 경남 일정에
들어가 2일 경남 양산 평산 마을을 찾아
문재인 전 대통령을 예방했다

이재명 대표는 성남FC 후원금 의혹 조사를 받기 위해
오는 11-12일쯤 검찰에 출석하는 방향으로
일정을 조율하고 있다
'사법리스크'가 커지는 상황에서 이 대표가
범민주당 진영의 결집을 시도하려는 것이란
해석이 나오는가 하면
검찰 수사에 대한 위기감을
이 대표와 문재인 전 대통령이 공유한다는 점을
지지자들에게 상기하려는 취지라는 분석도 있으며
이 대표는 앞서
부산시당에서 주재한 현장 최고위원회에서
"민생과 경제의 위기 · 민주주의와
한반도 평화의 위기가 참으로 심각하다
국정책임의 실종 · 정치의
실종 · 폭력적 지배가 활개를 치는
난세가 됐다"며 윤석열 정부를 맹비난했다

대통령 · 경제계 신년회

윤석열 대통령이 2일 서울 삼성동 코엑스에서
열린 경제계 신년 인사회에서
“올해도 우리 경제 상황이 어려워지겠지만
정부와 기업이 힘을 모은다면
이 위기를 기회로 만들 수 있을 것”이라며
“팀 코리아의 저력으로 위기를 극복하고
대한민국의 더 큰 성장을 만들어 가자”고 당부했다
경제계 신년인사회는
1962년 이후 한 번도 거르지 않고 열린 행사다
윤 대통령은 이 행사에 문재인 전 대통령이
재임 5년간 한 번도 찾지 않았다는
사실을 보고받고
바로 참석을 결정한 것으로 알려졌다
경제계는 이런 윤석열 대통령의 행보에
큰 의미를 두고 있다
이날 행사에 이재용 삼성전자 회장 · 정의선
현대자동차그룹 회장 · 최태원 대한상공회의소
회장 · 허창수 전국경제인연합회 회장 등
500명이 넘는 경제계 인사가 참석했다

다누리의 지구사진

다누리가 보내온 달 표면과 지구 사진
한 장이 새해를 밝히고 있다
달 표면 위로 지구가 떠오르는 사진
2022년 12월 26일 달 궤도에 안착한
한국의 첫 번째 달 궤도탐사선
'다누리'가 보내온 달 표면과 지구사진이
1월 3일 공개된 것이다
다누리에 탑재된 고해상도카메라(UTI)가
촬영한 것으로 달 지표의 크레이터와
지구 모습이 선명하다

윤 대통령 대북경고

윤석열 대통령이 2023년 1월 4일
"북한이 다시 우리 영토를 침범하는 도발을 일으키면
9 · 19군사합의의 효력정지를 검토하라"고 지시했다
무인기를 동원해 영공을 침범하는 등
대남도발을 이어가고 있는 북한을 향해
경고장을 보낸 것이다
윤 대통령이 효력정지를 검토하라고 지시한
9 · 19군사합의는 문재인 정부 때인
2018년 9월 9일 평양 남북정상회담 때
부속문서로 체결됐다
군사분계선(MDL) 일대에서
우발적 충돌을 막기 위해
MDL로부터 10-40km 이내에
비행금지와 해상 적대행위 중단 구역을
설정하는 내용 등을 담고 있다

김제방 역사학자의 출판도서 연보

수필집(여름사 · 지문사 · 행림출판)

1988년 인간적인 것이 그립다

1989년 빌딩 숲에 매달린 고슴도치

1991년 어느 여름밤의 방황

1992년 물꼬를 터가는 사람들

1993년 사도세자 압구정역 하차, 비에 젖은 남치맛자락

1994년 둥지를 찾아 헤매는 텃새

1996년 호박이 넝쿨째 굴렀네, 목화꽃이 필 무렵

시집(지문사 · 한솜)

1998년 이집트로 가는 길

1999년 오아시스로 가는 길

2000년 베이징으로 가는 길

2001년 긴 만남 짧은 이야기, 왕건의 나라, 장하다 홍국영

2003년 흥선대원군 · 명성황후

2004년 고종황제의 최후

2005년 이승만과 김구의 대좌

2006년 박통의 그늘, 세종대왕의 실수

2007년 불타는 창덕궁

역사서(문학공원)

2009년 한국근현대사

2010년 한국중고대사

2011년 조선왕조사, 한국민주화역사

2013년 성공한국사

2015년 한국현대사 · 1, 한국현대사 · 2, 한국현대사 · 3

2016년 한국현대사 · 4

2017년 한국현대사 · 5, 한국현대사 · 6

2018년 세계사와 함께 읽는 재미있는 韓國史

역사서사시집(문학공원)

2018년 우면산 돌담불

2019년 한강의 기적, 5 · 16혁명

2020년 박정희 황금시대, 문재인 적폐시대, 이승만 건국시대, 전두환 오판시대

2021년 코로나 비상시대, 흔들린 민주주의, 박정희 100년 시대, 추억의 대한제국

2022년 선진국 대한민국, 선진국 원년의 한국, 윤석열 대통령 시대

2023년 한국혁명의 빛, 중동건설붐 이후

- 이상 저서 총 49권

김제방 역사서사시집

중동건설붐 이후

초판발행일 2023년 5월 6일

지은이 : 김제방
발행인 : 김순진
편집장 : 전하라
디자인 : 김초롱
펴낸곳 : 도서출판 문학공원
등 록 : 2004년 3월 9일 제6-706호
주 소 : 우편번호 03382 서울 은평구 통일로 633
녹번오피스텔 501호 스토리문학사
전 화 : 02-2234-1666
팩 스 : 02-2236-1666
홈페이지 : http://www.munhakpark.com/
이메일 : 4615562@hanmail.net

※ 책값은 뒤표지에 있습니다.